# 7월의 모든 역사

한국사

한국사

7月

# 7월의 모든 역사

● 이종하 지음

디오네

# 매일매일 일어난 사건이 역사가 된다

역사란 무엇일까. 우리는 왜 역사에 관심을 갖는 것일까.

이 책을 쓰는 내내 머릿속을 맴돌던 질문이다.

아널드 토인비는 역사를 도전과 응전의 개념으로 설명한 바 있다. 그것은 인류사 전체를 아우르는 커다란 카테고리를 설명하기에는 더없이 좋은 개념이다. 그러나 미시적인 문제로 들어가면 이야기가 달라진다. 나일 강의 범람 때문에 이집트에서 태양력과 기하학, 건축술, 천문학이 발달하였다는 것은 도전과 응전으로 설명이 가능하지만, 예술사에서 보이는 사조의 뒤섞임과 되돌림은 그런 논리만으로는 설명이 안 된다.

사실 역사란 무엇인가에 대한 관심은 대학 시절 야학 교사로 역사 과목을 담당하면서 싹텄다. 교과서에 나와 있는 대로 강의를 하는 것은 죽은 교육 같았다. 살아 있는 역사를 강의해야 한다는 생각에 늘 고민이 깊었다. 야학이 문을 닫은 후에 뿌리역사문화연구회를 만든 것도 그런 고민을 해결하지 못했기 때문이다.

약 10년간 뿌리역사문화연구회를 이끌면서 '어린이와 청소년을 위한 교실 밖 역사 여행' '어린이 역사 탐험대'를 만들어 현장에서 어린이와 청소년을 만났다. 책으로 배우는 역사와 유적지의 냄새를 맡으며 배우는 역사는 느낌이 전혀 달랐다. 불이학교 등의 대안학교에서 한국사 강의를 맡았을 때도 그런 느낌은 피부로 와 닿았다.

그렇다고 역사를 현장에서만 접해야 한다는 것은 아니다. 역사 자체는 어차피 관념 속에 있는 것이며, 그것이 우리에게 구체적으로 구현되는 것은 기록을 통해서이기 때문이다. 역사는 과거이며, 그 과거는 기록으로 존재한다. 그러나 현재에 펼쳐진 과거의 기록은 현재를 해석하는 도구이고, 결국 미래를 향한다.

이 책은 매일매일 일어난 사건이 역사가 된다는 사실에 기초하여, 1월 1일부터 12월 31일까지 일어난 중요한 사건들을 날짜별로 기록한 것이다. 사건의 중요도에 따라 집필 분량을 달리하였으며, 『1월의 모든 역사 – 한국사』『1월의 모든 역사 – 세계사』처럼 매월 한국사와 세계사로 구분하였다. 1월부터 12월까지 총 24권에 걸쳐 국내외에서 일어난 중요한 역사적 사실들을 흥미진진하게 담았다.

이 책에 나와 있는 날짜는 태양력을 기준으로 하였다. 음력으로 기록된 사건이나 고대의 기록은 모두 현재 사용하는 태양력을 기준으로 환산하여 기술하였다. 고대나 중세의 사건 가운데에는 날짜가 불명확한 것도 존재한다. 그것들은 학계의 정설과 다수설에 따라 기술했음을 밝힌다.

수년에 걸친 작업이었지만 막상 책으로 엮으니 어설픈 부분이 적지 않게 눈에 들어온다. 앞으로 그것들은 차차 보완을 거쳐 이 시리즈만으로도 인류 역사의 대부분을 일견할 수 있도록 만들고 싶다.

이 책을 쓰다 보니 매일매일을 성실하게 노력하며 살아야겠다는 생각이 든다. 매일매일의 사건이 결국 역사가 되기 때문이다.

이종하

7월의
모든 역사

# 7월 1일

■
∶
■

673년 7월 1일

# 신라의 태대각간 김유신이 죽다

『삼국사기』 열전에서 가장 비중 있게 다룬 인물은 단연 김유신이다. 그는 일찍이 15세에 화랑이 되어 낭비성 전투를 시작으로 싸움에만 나가면 승리하고 돌아왔다. 국내에서는 비담의 난을 진압하여 그 이름을 높였고 진덕왕이 죽은 뒤에는 김춘추를 추대하여 왕위에 올렸다.

660년에는 상대등이 되어 명실상부한 신라 정치의 중심이 되었다. 그해 김유신은 군대 5만 명을 이끌고 출전하여 계백 결사대를 물리치고 백제를 멸망시켰다.

668년에는 대총관이 되어 고구려를 멸망시키는 데 공헌하였다. 그야말로 삼국의 통일은 모두 그의 손끝에서 시작된 것이다.

김부식이 저술한 『삼국사기』만 놓고 보면 신라의 김유신은 삼국시대 최고의 영웅이었다. 『삼국사기』 열전 10권에는 69명의 영웅이 등장하는데, 김유선은 그 중 3권 분량을 차지하고 있다.

김유신은 전통적 관념의 핏줄로 따지면 본래 금관가야 왕실의 후손이었다. 그러나 금관가야는 이미 증조부인 구해왕이 신라의 법흥왕에게 투항하여 지도 위에서 사라진 상태였다.

김유신의 조부인 김무력은 백제의 성왕을 전사시킨 관산성 전투에서 큰 공을 세우면서 그 이름을 세상에 떨쳤다. 이로 인해 그는 유신계의 실질적인 시조로 자리 잡았다.

무력의 아들인 김서현은 진흥왕의 동생인 숙흘종의 딸 만명과 사랑에 빠졌다. 하지만 만명의 부모는 이를 허락하지 않았다. 김서현의 신분이 신라의 왕족과 결혼하기에는 수준이 낮다고 보았기 때문이다.

그러나 만명은 만노군 태수로 부임하는 서현을 따라 야반도주를 감행하였다. 이런 우여곡절을 거친 끝에 결국 둘 사이에서 김유신이 태어났다. 만명의 어머니 만호태후는 외손자가 태어났다는 소식에 꽁꽁 얼었던 마음이 풀어졌다.

결국 딸을 용서하고 서현을 사위로 인정할 수밖에 없었다. 직접 김유신을 대한 만호태후는 유신의 늠름함을 보고 "과연 나의 손자로다." 하며 흡족해 하였다.

유신은 일찍이 15세에 화랑이 되었는데, 그를 존경하는 많은 낭도들이 그 밑으로 모여들었다. 그런데 어느 날부터인가 유신이 천관녀라는 기녀에게 빠지면서 수련을 게을리 하자, 이 소문이 금세 사방으로 퍼졌다.

잔뜩 화가 난 만명 부인은 아들 유신을 불러놓고 "장차 삼국을 통일

하겠다는 네가 한다는 짓이 고작 기생집에나 드나드는 것이더냐." 하고
크게 호통을 쳤다. 유신은 이에 정신을 차리고 다시는 천관녀를 찾지
않겠다고 다짐하였다.

　그 후 며칠이 지나 유신이 야외로 놀러갔다가 집으로 돌아오는데 술
에 취해 말 위에서 꾸벅꾸벅 졸았다. 말울음 소리에 눈을 뜨자 천관녀
가 반가운 얼굴로 서 있었다. 유신은 그 자리에서 허리에 찬 칼을 뽑아
말의 목을 베어 버렸다.

　자신의 마음을 알아주지 못하는 말이 미웠던 것이다. 이 모습을 본
천관녀는 그 후 유신에게 방해가 되지 않겠다며 머리를 깎고 비구니가
되었다. 이 설화는 유신이 그만큼 의지가 단호한 인물이었음을 말해 주
고 있다.

　골품제가 철저하게 시행되던 신라에서 유신의 가야 혈통은 아무래
도 그가 더 크게 성장하는 데 장애물이었다. 이것을 극복하기 위해 유
신은 신라 왕실의 김춘추에게 자신의 여동생 문희를 시집보내는 전략
을 썼다.

　즉 춘추와 함께 축국을 하다가 실수를 가장하여 그의 옷고름을 밟아
떨어뜨리고, 그것을 동생 문희가 달아 주게 하면서 둘의 인연을 맺어 준
것이다. 바로 이 문희가 나중에 문무왕의 어머니가 되는 문명왕후이다.

　그러나 유신이 신라를 대표하는 장수로 우뚝 설 수 있었던 것은 뭐니
해도 그가 전쟁터에서 보여 준 뛰어난 능력 때문이었다.

　유신은 진평왕 51년(629) 낭비성 공격에서 처음으로 큰 공을 세운 이
후 싸움에만 나갔다 하면 승리하고 돌아왔다. 하루가 다르게 이름이 높
아져 가던 유신은 647년 비담의 난을 진압하는 데 결정적인 역할을 하
면서 그의 자리를 확실히 굳혔다.

그러다가 654년 진덕왕이 죽자 유신은 춘추를 추대하여 왕위에 올리는 데 성공하였다. 당연히 유신의 지위와 비중은 더욱 높아질 수밖에 없었다.

마침내 660년 최고의 관등인 상대등이 되어 명실상부한 신라의 중심으로 자리 잡았다. 그해 신라군을 이끌고 백제 정벌에 나선 유신은 황산벌에서 계백의 결사대를 물리치고 사비성을 함락시켜 삼각형의 한 변이던 백제를 무너뜨렸다.

이후에도 유신은 군량이 떨어진 당나라 군대를 지원하기 위해 직접 고구려의 한복판까지 들어가기도 하고, 백제 땅에서 계속되던 부흥 운동을 토벌하는 등 활동을 멈추지 않았다.

그러나 668년 대대적인 고구려 정벌에서는 고령의 나이로 인해 대총관이라는 직책만 맡고 원정에는 참여하지 못하였다. 유신은 국가의 원로로서 필요할 때마다 중요한 문제에 자문을 아끼지 않다가, 673년 7월 1일 숨을 거두었다.

김유신은 흥덕왕 대에 흥무대왕으로 추봉되었다.

* 668년 6월 21일 '신라 김유신, 고구려를 정벌하다' 참조
* 676년 4월 5일 '신라, 삼국을 통일하다' 참조

**1434년 7월 1일**

# 장영실이 만든 물시계 자격루를 사용하기 시작하다

1434년 7월 1일, 상의원 별좌 장영실과 김조, 이천 등이 2년여의 노력 끝에 완성한 물시계 자격루가 공식적으로 사용되기 시작하였다. 세종대왕은 경복궁 경회루 남쪽에 보루각을 세우고 자격루를 이곳에 설치하였다.

이후 보루각은 조선의 새로운 표준시계를 관장하는 기관이 되었다. 물시계는 물의 증가량 또는 감소량으로 시간을 측정하는 장치로서, 이때 사용된 자격루는 처음으로 정해진 시간에 종과 징·북이 저절로 울리도록 한 것이었다.

자격루는 4개의 파수호와 2개의 수수호, 12개의 살대, 동력전달장치와 시보장치로 구성되어 있다.

작동 원리는 맨 위에 있는 큰 물그릇에 물을 부어 주면 그 물이 아래의 작은 그릇을 거쳐, 제일 아래쪽에 있는 길고 높은 물받이 통에 흘러들도록 한 것이다. 이어 물받이 통에 물이 고이면 그 위에 떠 있는 잣대가 점점 올라가 미리 정해진 눈금에 닿았다. 그러면 그곳에 장치해 놓은 지렛대 장치를 건드려 그 끝의 쇠구슬을 구멍 속에 굴려 넣어 주도록 하였다.

자격루

　이 쇠구슬은 다른 쇠구슬을 굴려 주고 그것들이 차례로 미리 꾸며놓은 여러 공이를 건드려 종과 징·북을 울리기도 하고, 또는 나무로 만든 인형이 나타나 시각을 알려주는 팻말을 들어 보이기도 하였다.

　이때 사용한 자격루는 단종 3년(1455) 2월까지 사용한 뒤 철거하였다가 임진왜란 때 불에 타 없어지고 말았다.

　현재 남아 있는 자격루는 중종 31년(1536)에 창덕궁 보루각에서 다시 제작하여 사용하던 것이다.

　국보 229호로 지정된 자격루는 현재 물통 부분들만 남아 있다.

* 1438년 1월 7일 '장영실, 자동 물시계 옥루를 만들다' 참조

—

**1950년 7월 1일**

# 미국 스미스 부대, 부산 상륙

—

　1950년 6월 25일 한국전쟁이 발발하였다. 그러자 6월 30일 미국의 해리 트루먼 대통령이 극동 사령관 더글러스 맥아더에게 지상군 투입과 38선 이북의 군사 목표를 폭격할 수 있는 권한을 부여하였다.

　이에 7월 1일 전선을 만회하기 위해 한반도 긴급 투입 명령을 받은 미 제24사단 제21연대 제1대대가 군용기를 타고 부산 수영 비행장에 첫 발을 내딛었다. 이 부대는 대대장 찰스 스미스 중령의 이름을 따 스미스 부대로 불렸다. 스미스 부대는 한국전쟁 발발 후 우리나라에 최초로 상륙한 미 지상군 부대였다.

　이튿날 대전으로 이동한 스미스 부대는 포병대원 134명을 합류시켜

540명 규모의 특공부대로 탈바꿈하였다.

이후 스미스 부대는 7월 5일 오산 죽미령에서 북한군 4사단 소속 2개 연대와 맞닥뜨렸다. 그들은 치열한 첫 교전을 벌여 탱크 4대를 격파하는 전과를 올렸다.

하지만 스미스 부대 또한 540여 명의 부대원 중 150여 명이 사망하거나 실종되었다.

* 1950년 6월 25일 '한국전쟁이 발발하다' 참조

1948년 7월 1일

# 제헌국회, 국호를 대한민국으로 결정

1948년 7월 1일 제22차 제헌국회가 열렸다. 이 회의에서 재석 의원 188명 중 163명이 찬성한 '대한민국大韓民國'이 국호로 결정되었다.

국호 제정 과정은 순탄치 않았다. 정치 세력들은 저마다 국호를 내걸었다. 신석우는 '대한민국', 신익희는 '한국', 유진오는 '조선민주공화국', 김규식·여운형은 '고려공화국'을 주장하였다.

결국 제헌국회에 앞서 열린 헌법기초위원회에서 표결 끝에 대한민국이 17표, 고려공화국이 7표, 조선공화국이 2표, 한국이 1표를 얻었다.

국호 대한민국은 1919년 상해에 세운 대한민국 임시정부의 정통성을 이어받는다는 의미를 가진다.

제헌국회가 제정하여 7월 17일 공포된 헌법 제1조는 '대한민국은 민주공화국이다'라고 명시하였다.

대한민국은 영어로는 The Republic of Korea, 프랑스어로는 Republique de Coree, 독일어로는 die Republik Korea로 표기한다.

7월의
모든 역사

# 7월 2일

■
■
■

—

1896년 7월 2일

# 서재필, 독립협회를 결성하다

—

임원들이 일주일에 한 번씩 회합하여 담배나 피우고 잡담이나 나누면서 여가를 즐기던 곳으로 출발한 독립협회는 토론회가 조직된 1897년 후반기에는 새로운 모습을 나타내었다.

토론회는 주가 거듭할수록 인기가 높아지고 영향력이 증대하였다. 다시 지난봄부터는 정치에 관심을 돌려 고급 관료들의 부패와 부정에 대해 싸웠다.

그리하여 그러한 애국적인 노력은 대체로 승리를 거둔 셈이었다.

-윤치호 일기 5, 1897년 8월 8일조

갑신정변의 실패로 미국에 망명을 떠났던 서재필이 1895년 다시 한
성으로 돌아왔다. 그는 서대문 근처에 거처를 마련해 살았는데, 마침
중국 사신을 맞이하던 영은문의 바로 아랫자리였다.

서재필은 영은문을 바라볼 때마다 조선의 슬픈 현실에 마음이 심란하
였다. 당시 조선은 고종의 아관파천으로 그 위신이 말이 아니던 때였다.

서재필은 영은문을 헐고 프랑스의 개선문처럼 조선의 독립을 상징하
는 근사한 건물을 짓고 싶어 하였다. 이러한 서재필의 생각은 외세의 입
김에서 벗어나 자주를 갈망하던 국민들에게 큰 공감대를 형성하였다.
독립협회는 바로 이 독립문과 독립공원을 건립하기 위해 조직되었다.

당시 일본의 공작으로 명성황후가 시해되자 조선은 러시아의 힘을
끌어들여 세력을 만회해 보려고 하였다. 소위 정동파라 불리던 세력이
그 주도적 역할을 맡아 아관파천을 성공시켜 개화파를 밀어냈다.

이들 정동파들은 독립문의 건립을 통해 왕실의 권위를 회복하고 세
계에 조선이 자주 독립국임을 널리 알리고자 하였다. 아직도 기존의 보
수 세력이 강하게 개혁의 발목을 잡는 상태에서 이들 정동파가 주축이
된 독립협회는 자연히 보수파에 대항하는 조직으로 자리 잡았다.

독립협회는 1896년 6월 7일에 서재필이 고문을 맡고 있던 중추원에
서 14명이 발기하면서 그 싹을 틔웠다. 그러나 서재필은 독립협회가 정
식으로 출범할 때까지는 그 존재를 노출시키지 않고 독립문의 건립만
을 앞에다 내세웠다. 자칫 반대 세력의 위협에 시달릴 우려가 있었기
때문이었다.

서재필은 6월 20일 「독립신문」의 논설을 통해 고종이 영은문을 헐고
거기에 독립문이라는 새로운 문을 세우도록 결정해 주어 고맙다고 밝
혔다. 이는 독립문이 국왕의 허락을 받음으로써 마치 정부가 이것을 추

진하는 것처럼 국민들이 인식하게 하는 효과를 거두었다.

이런 신중한 과정을 거쳐 마침내 7월 2일 외부에서 정식으로 독립협회가 결성되었다.

독립협회의 규칙 중 가장 눈에 띄는 것은 협회에 보조금을 납부하면 누구나 회원이 될 수 있다는 조항이었다. 이것은 독립협회가 전 국민을 향해 대문을 열어 놓은 것으로 향후 협회가 국민적인 단체로 발전할 수 있는 중요한 규정이었다.

독립협회 탄생의 일등공신인 서재필은 미국의 시민권을 얻었다는 이유로 임원 대신 고문이 되어 협회의 일을 도왔다. 이상재와 오세창 등도 위원과 간사원이 되어 창설 멤버로 활약하였다. 놀라운 것은 후일 일제에 나라를 헌신짝처럼 팔아먹는 이완용이 위원장을 맡았다는 점이었다.

독립협회는 창립하자 곧 기관지인 「독립신문」을 통해 독립문과 독립공원의 건설에 온 국민들이 참여해 줄 것을 호소하였다. 임원들이 먼저 앞장서서 공사비를 헌납하였고 이어서 일반 국민들의 후원금이 서서히 들어오기 시작하였다. 협회는 헌납자의 명단과 납부액을 「독립신문」에 띄워 공지하는 한편 헌납자는 회원으로 등록시켰다.

헌금의 봇물을 터뜨려 준 것은 왕실이었다. 왕태자 명의로 거금 1,000원이 독립협회에 하사되자 중앙과 지방의 관리들, 교사와 학생, 군인, 심지어 기생들까지도 너도나도 헌납의 대열에 섰다. 그리하여 12월에 가면 4,700원이라는 거액의 기금이 모아졌다.

독립협회는 매주 토요일이면 정기회의를 열어서 독립문과 독립공원 건설에 대해 논의하였다. 드디어 11월 21일 영은문을 헐어 낸 자리에서 성대하게 독립문의 기공식을 거행하고 1년 뒤인 1897년 11월에 개선문을 본 딴 모습으로 독립문이 완공되었다. 협회 건립의 1차 목표는

훌륭하게 달성된 것이었다.

그런데 독립협회는 결성될 때 고위층들 위주로 결성되어 처음에는 사교 단체 수준에 불과하였다. 그러나 점차 시간이 흐르면서 일반 시민들이 회원들의 다수를 점하게 되자 그 성격이 확 바뀌게 되었다.

1897년 가을부터 독립협회는 서재필과 윤치호의 주도로 1년 동안 34회에 걸쳐 토론회를 열었다. 여기에는 다양한 계층의 사람들이 청중으로 참석해 각종의 주제를 놓고 열띤 논쟁을 벌였다.

그리고 1898년 3월 러시아가 절영도의 조차를 요구하고 한러은행을 창설하여 조선의 재정권을 장악하려고 하자 독립협회는 1만여 명의 시민이 참가한 만민공동회를 열어 이를 강력히 규탄하였다. 러시아는 결국 이에 굴복하여 고문단을 철수시키고 자신들의 의지를 꺾어야만 하였다.

이렇게 독립협회의 세력이 확장되자 고종의 측근 세력들은 협회가 군주제를 폐지하고 공화제를 세우려 한다는 모함을 하였다. 이에 고종은 군대를 동원해 협회의 주요 인물들을 구속하고 조직을 강제 해산시켰다.

그러나 독립협회가 추구했던 개화사상은 계속하여 국민들 사이에 확산되어 갔다.

* 1895년 2월 2일 '사대주의 상징 영은문 철거' 참조
* 1896년 4월 7일 '서재필이 「독립신문」을 창간하다' 참조
* 1896년 11월 21일 '독립문 기공식 거행' 참조
* 1920년 1월 2일 '서재필, 한국의 독립 후원 요청' 참조
* 1951년 1월 5일 '독립운동가 서재필 사망' 참조

**1931년 7월 2일**

# 만보산 사건 발생

1931년 7월 2일 중국 지린성 장춘현 만보산에서 이주하여 살고 있던 조선인과 중국 농민 사이에 유혈 충돌이 벌어졌다. 이른바 '만보산 사건'으로 불리는 사태였다.

당시 조선인들은 중국인을 앞세운 일제의 장농도전공사長農稻田公司로부터 토지를 조차하여 개척하게 되었다. 그런데 농지 수로 공사를 진행하던 과정에서 중국 농민과 마찰이 생겼다. 하지만 일본 영사관 경찰이 개입하여 공사가 마무리되었다.

이에 분개한 중국 농민들은 관개수로 일부를 다시 메워 버렸다. 그러자 조선인 농민, 일본 영사관 경찰과 중국인 지주, 주민 사이에 충돌이 발생하였다.

일본 경찰은 중국인 농민에게 무차별 발포함으로써 사건을 확대시켰다. 이 소식은 사건을 침소봉대하고자 하는 일제의 기도로 국내에 대대적으로 보도되었다.

그 결과, 조선인들의 민족 감정을 자극하면서 조선에 거주하는 중국인들이 집단 폭행을 당하는 등 화를 입게 되었다.

만보산 사건은 만주에 세력을 형성한 중국 민족운동 세력과 조선인 민족운동 세력의 반일反日 공동전선 투쟁을 분열시키려는 일제의 치밀한 음모에서 비롯되었다.

1999년 7월 2일

# 서울 지하철 8호선 완전 개통

1999년 7월 2일 4.6km의 잠실과 암사를 잇는 구간 공사가 완료됨에 따라 서울 지하철 8호선이 완전 개통되었다. 모란과 잠실을 잇는 구간은 1996년 11월 23일 개통돼 이미 운행 중이었다.

이에 따라 경기도 성남시 모란역에서 서울 강동구 암사역을 연결하는 8호선 20km 전全구간이 착공 5년 만에 완전 개통되었다.

잠실-암사 구간이 개통됨에 따라 잠실역에서 2호선, 천호역에서 5호선으로 각각 갈아탈 수 있게 되었다. 또한 8호선 완전 개통으로 경기남·동부 위성도시와 서울 잠실·강남 지역이 한번에 연결돼 이 지역 주민들의 출·퇴근길이 편리해졌다.

또한 성남 및 분당 신도시와 강동 지역 주민들의 강남 및 도심 진출이 한결 쉬워졌고 몽촌토성과 암사동 선사유적지 등 문화 유적지도 편리하게 찾아갈 수 있게 되었다.

7월의
모든 역사

# 7월 3일

.
.
.

—

1567년 7월 3일

# 조선 14대 왕 선조가 즉위하다

—

임진왜란이 발발하자 선조는 의주까지 도망을 하였다. 거기에서 한
백성이 생선을 진상하였는데, 선조는 그 맛에 감탄하면서 생선의
이름을 물었다. 그러자 백성은 '묵'이라고 대답하였다.

선조는 생선의 이름이 그 맛에 비해 별로라고 생각하여 '은어'라고
명하였다. 임진왜란이 끝난 후 궁에 돌아온 선조가 그 생선을 먹었
으나 맛이 전과 같지 않았다. 이에 선조는 '도로 묵'이라 하도록 명
하였는데, 바로 여기서 '말짱 도루묵'이라는 말이 생겨났다.

1567년 34세의 아직 한창 나이로 명종이 세상을 떠났다. 그러나 명종에게는 뒤를 이을 후사가 없었다. 인순왕후 심씨와의 사이에서 순회세자가 태어났지만 그는 13세에 요절하고 말았다.

후궁들에게서도 아기 소식은 전해지지 않았다. 심지어 무수리 출신의 장씨까지 가까이 하였지만 소용이 없었다.

이제 방법은 직계는 아니지만 가까운 종친들 가운데서 한 명을 골라 후계자로 세우는 방법밖에 없었다. 이때 선택된 인물이 덕흥군의 셋째 아들인 하성군인데, 이가 바로 선조이다. 덕흥군이 중종의 후궁인 창빈 안씨의 소생이니 선조는 명종의 조카가 된다.

아들이 없던 명종은 조카들 중 하성군을 특히 사랑하여 자주 대궐로 불러들였다고 한다. 사실상 마음속에 세자로 지명해 둔 것이었다.

어느 날 명종은 여러 왕손들을 궁중으로 불러 "너희들 중 누가 머리가 제일 큰지 알아보려고 한다."며 익선관을 차례로 써 보게 하였다. 왕손들은 아무 생각 없이 돌아가며 그것을 머리에 써 보았다. 하지만 나이가 가장 어렸던 하성군은 "어찌 이것을 보통 사람이 쓸 수 있겠습니까?"라며 공손하게 어전에 도로 갖다 놓았다. 명종이 이를 기특하게 여겼음은 물론이고 하성군에 대한 믿음은 더욱 커졌다.

1567년 7월 3일 선조는 조선의 제14대 왕에 즉위하였다. 16세의 다소 어린 나이로 왕위에 오른 선조는 처음에는 모든 것이 어색하고 서투를 수밖에 없었다. 궁중 밖에서 자란 데다 세자로서 장차 나라를 다스릴 교육을 전문적으로 받은 일이 없었기 때문이었다.

이에 그의 양어머니가 되는 명종의 비 인순왕후 심씨가 수렴청정을 하였다. 선조가 까다로운 궁중 생활에 점차 적응을 하고 국사를 능숙하게 처리하게 되자 인순왕후는 이듬해 수렴청정을 거두고 선조에게 모든 권력을 넘겨주었다. 어려서부터 영리했던 선조는 즉위 후에도 학문에 힘써 밤늦도록 불이 꺼지지 않았고, 매일 경연에 나가 신하들과 토론을 벌였다.

선조가 직접 정사를 돌보기 시작한 후 가장 먼저 손을 댄 것은 과거제도였다. 그는 현량과를 다시 실시해 사림 세력을 대거 등용하였다. 그리고 기묘사화로 억울하게 죽은 조광조를 영의정으로 추증시켰고 기타 다른 피해자들의 명예 또한 회복시켜 주었다.

반면 이들에게 화를 입힌 남곤, 을사사화를 일으켜 조정을 피로 물들인 윤원형과 이기 등에 대해서는 관직을 삭탈하였다. 또 당시 성리학의 대가로 이름난 이황과 이이를 나라의 스승으로 삼아 극진히 대접하였다.

한편 명나라에는 윤근수를 보내 『대명회전』 등 중국의 역사서에 그릇 전해지는 내용을 시정토록 하였다. 당시 그 책에는 이성계가 고려말기의 권신이던 이인임의 후손으로 기록되는 등 잘못된 것이 적지 않았다.

이로써 선조 즉위 초기에는 민심이 안정되고 정국도 조용한 호수처럼 잔잔했다. 그러나 예기치 않은 사건 하나가 터지면서 상황은 급속도로 요동쳤다. 이조정랑을 둘러싸고 사림파 내부에서 치열한 대결이 벌어졌던 것이다.

이를 계기로 사림파는 심의겸을 지지하는 서인과 김효원을 지지하는 동인으로 완전히 분당되었다. 이렇게 사림이 동서 양쪽으로 갈리면서 조정은 당파간의 분쟁으로 연일 시끄러웠다.

선조는 일본의 움직임이 수상하여 통신사를 보내 그곳의 동향을 살피게 했지만 정사와 부사로 간 황윤길과 김성일은 서로 다른 보고를 올렸다. 이것도 서로 당파가 달랐던 데에서 생긴 문제였다. 이로 인해 조선은 제대로 된 국방 대책을 세우지 못한 채 속수무책으로 일본의 침입을 당하였다.

장장 7년에 걸친 임진왜란으로 선조는 의주까지 피난을 가는 망신도 겪어야 했고, 국토는 만신창이가 되었다.

선조는 전쟁이 끝나자 성난 민심을 안정시키고 피해를 복구시키기 위해 전력을 기울였다. 스스로 음식과 의복을 절제하고 비빈과 궁녀들도 감히 사치를 하지 말도록 하였다. 물론 전쟁 중에 공을 세운 사람에게는 신분을 따지지 않고 포상하였다.

그러나 의지와는 다르게 흉년은 거듭되고 동인과 서인의 당쟁은 더욱 격화되어 큰 성과를 거두지 못하였다.

결국 선조는 전란의 마무리를 뒤로 넘긴 채 1608년 눈을 감고 말았다.

* 1592년 4월 14일 '임진왜란이 시작되다' 참조
* 1592년 4월 30일 '임진왜란으로 선조 피난' 참조
* 1608년 2월 1일 '선조, 정릉 행궁에서 승하' 참조

—

1894년 7월 3일

## 과거제 폐지

—

1894년 7월 3일, 갑오개혁으로 조선의 관리 등용문이었던 과거제도가 폐지되었다.

이에 따라 조선 초기부터 내려오던 6조가 8아문으로 개편되었고 관

리 임용권은 총리 대신을 비롯한 각 아문 대신에게 부여되었다. 그리고 18등급이던 관리의 품계를 12등급으로 축소하여 칙임관·주임관·판임관으로 개편하였다.

과거제도는 멀리 신라 원성왕 때인 788년에 실시한 독서삼품과讀書三品科에서 비롯되었다. 그러나 엄밀한 의미의 과거제는 고려 광종(958) 4월부터 시행되었다. 조선시대에 이르러서는 과거를 통하지 않고는 관리로 등용되는 길이 거의 없었으므로 과거는 관리의 인생 등용문이 되었다.

조선시대 과거에서는 문과, 무과, 잡과가 실시되었다. 문관으로 등용되려면 생진과에 합격한 후 문과에 응시하여 초시, 복시, 전시의 3차례의 시험을 치르게 하여 갑·을·병과의 등급을 정하였다.

갑과의 장원 급제자는 종6품 이상의 참상관으로 임명되고, 병과 합격자는 정9품 이상의 관리로 임명되었다.

문과 급제자에게는 합격증인 홍패를 주었다. 무과는 궁술·기창 등의 무예와 경서·병서 등을 시험 과목으로 하였다. 기술직인 잡과는 역과·의과·음양과·율과의 네 가지 시험이 있었는데, 사역원·전의감·관상감·형조 등에 근무하는 중인의 자제 중에서 소양이 있는 자들을 해당 관청에서 선발하였다.

과거 시험은 3년마다 정기적으로 실시되는 식년시式年試가 원칙이었으나, 그 외 국가에 큰 경사가 있을 때 시행되는 증광시增廣試, 보통의 경사 때 시행하는 별시別試, 국왕이 문묘에 배알하는 것을 기념하여 시행된 알성시謁聖試 등 부정기적인 과거가 있었다.

* 958년 4월 16일 '과거제가 실시되다' 참조

—

1961년 7월 3일

# 반공법 공포

—

공산 계열의 활동에 가담하거나 이를 방조한 자의 처벌에 관하여 규정한 반공법이 1961년 7월 3일 공포되었다.

이 법은 일반적인 반反국가 행위의 처벌법인 국가보안법에 대한 특별법의 성격으로 공산 계열의 활동을 막기 위하여 제정하였다.

공포될 당시 전문 11조와 부칙으로 이뤄졌던 반공법은 몇 차례 개정을 거쳐 16조로 구성되었다. 하지만 광범위한 자의적 해석하에 법 집행이 이루어져 정치에 이용된다는 비난이 일었다.

그 후 1980년 12월 31일 국가보위입법회의는 반공법을 폐기하고 그 내용의 일부를 국가보안법에 흡수시켰다.

—

1969년 7월 3일

# 위장 간첩 이수근 사형 집행

—

1967년 3월 22일 북한 중앙통신사 부사장 출신의 이수근은 판문점을 통하여 귀순하였다. 그는 이후 결혼해서 가정까지 이루었다.

하지만 1969년 1월 27일 북의 처조카 배경옥과 함께 위조 여권을 소지하고 해외로 도피하려다 홍콩에서 체포되어 서울로 압송되었다. 중앙정보부는 그가 '위장 귀순 간첩'임을 발표하였다.

이수근은 항소하지 않았고 1969년 4월 대법원의 사형 확정 판결을 받았다. 이어 서대문 형무소에서 7월 3일 사형이 집행되었다. 하지만 2007년 1월 15일 진실·화해를 위한 과거사정리위원회는 이 사건이 당시 중앙정보부의 조작이었다고 결론 내렸다.

**\* 1967년 3월 22일 '북한 중앙통신 부사장 이수근 위장 귀순 사건' 참조**

7월의
모든 역사

# 7월 4일

:
.
:

1972년 7월 4일

# 남북한, 7·4 남북 공동성명을 발표하다

1. 쌍방은 다음과 같은 조국 통일 원칙들에 합의를 보았다. 첫째, 통일은 외세에 의존하거나 외세의 간섭을 받음이 없이 자주적으로 해결하여야 한다. 둘째, 통일은 서로 상대방을 반대하는 무력행사에 의거하지 않고 평화적 방법으로 실현해야 한다. 셋째, 사상과 이념, 제도의 차이를 초월하여 우선 하나의 민족으로서 민족적 대단결을 도모하여야 한다.

2. 쌍방은 남북 사이의 긴장 상태를 완화하고 신뢰의 분위기를 조성하기 위하여 서로 상대방을 중상 비방하지 않으며 크고 작은 것을 막론하고 무장 도발을 하지 않으며 군사적 충돌 사건을 방지하기 위한 적극적인 조치를 취하기로 합의하였다.

-7·4 남북 공동성명

1974년 7월 4일 오전 10시. 중대 방송이 예고된 가운데 TV와 라디오에 눈과 귀를 집중했던 국민들은 모두가 경악하였다. 그도 그럴 것이 내외신 기자회견을 진행하는 중앙정보부장 이후락의 입에서 폭탄 발언이 터져 나왔기 때문이다.

그는 자신이 비밀리에 평양을 방문해 김일성 주석과 두 차례 회담을 가졌고, 북한에서도 박성철 부수상이 서울에 내려와 박정희 대통령과 회담을 가졌다는 사실을 공개하였다.

그리고 이를 통해 통일 문제에 대한 세 가지 기본 원칙에 합의를 보았다고 밝혔다. 즉 첫째 외세 의존과 간섭을 배제한 자주적 해결, 둘째 무력행사가 아닌 평화적 방법, 셋째 사상과 이념 · 제도의 차이를 초월한 민족적 대단결이 그것이었다.

이 발표를 들은 국민들은 금방이라도 통일이 이루어진 듯한 느낌에 온통 흥분의 도가니에 빠졌다.

이후락이 북한 문제에 관심을 갖기 시작한 것은 그가 주일대사로 근무하던 1970년부터였다. 그는 도쿄에서 친북 계열인 조총련의 동향을 파악하면서 그 몸체라 할 수 있는 북한에 관심을 쏟았다.

이후락은 중앙정보부장으로 자리를 옮기게 되자 진지하게 남북 대화의 카드를 테이블 위에 올렸다. 이미 국제 정세는 닉슨 미국 대통령이 중국을 방문하는 등 해빙 무드가 한창이었다.

처음에는 남북 적십자 회담이라는 공식적 만남을 통해 대화가 이루어졌다. 그러나 쌍방이 자신들의 주장에만 치우치자 회담은 곧 수렁에 빠졌다.

남북은 이러한 상황을 타개하기 위해 물밑에서 분주히 움직였다. 중앙정보부 국장이던 정홍진과 노동당 조직 담당 책임지도원 김덕현은 수차례 남북을 왕래하면서 마침내 합의를 이끌어 냈다.

이후락과 김영주를 대화 채널로 하되 먼저 이후락이 5월 2일 판문점을 통해 평양으로 들어가기로 한 것이다. 김영주는 김일성의 동생이자 당시 노동당 조직 지도부장으로 북한의 실세로 파악되던 인물이었다. 이렇게 이후락이 협상을 속전속결로 밀어붙인 것은 북한을 상대할 때는 멈칫거리면 될 일도 안 된다는 나름의 판단 때문이었다.

대통령 박정희는 이후락이 평양으로 떠나기 1주일 전 '특수 지역 출장에 관한 대통령 훈령'을 하달하여 법적 근거를 마련해 주었다.

1972년 5월 2일 아침 10시. 마침내 이후락은 정홍진과 경호원 및 의사 1명씩을 데리고 북한으로 들어갔다. 북한에서 신변 보장을 약속하는 각서를 써 주긴 했지만 그의 마음은 잔뜩 긴장되어 있었다. 사실 중앙정보부장이라면 북한이 충분히 무리를 범해서라도 붙잡아 두고 싶을 만큼 고위급 인물이었다. 만일을 대비해서 이후락은 청산가리를 준비해 갔다고 하는데, 어디까지가 진실인지는 본인의 양심 외에는 아무도 알 수 없는 일이다.

이후락은 김영주와 두 차례의 회담을 가졌지만 내용에 진전이 없자 다소 초조해졌다. 그런데 5월 4일 밤 12시가 넘은 늦은 시각에 김일성이 이후락을 만수대 집무실로 불렀다. 여기서 김일성과 이후락은 여러 이야기들을 나누었는데, 1968년의 청와대 습격 사건에 대한 김일성의 언급도 나왔다. 그는 그 사건이 좌경 맹동분자들이 저지른 짓이었지 자신의 의사가 아니었다고 주장하였다.

이날 김일성과의 회담을 통해 비로소 '7·4 남북 공동성명'의 핵심인 조국 통일에 관한 3원칙이 타결되었다. 그러나 남한을 방문할 북한 측의 대표는 김영주의 병을 핑계로 얼마간의 시비 끝에 박성철로 결정되었다. 물론 이날 이후락의 북행은 사전에 미국과 일본에 통보되었다. 이런 중대한 문제를 미국의 동의 없이 우리 단독으로 실행하기란 현실적으로 불가능했던 것이다.

이후락이 북한에 다녀온 후 약속대로 5월 29일 북한의 박성철이 남한에 내려와 박정희를 만났다. 이후 6월 29일 이후락과 김영주가 합의 내용에 대해 서명을 끝내고, 7월 4일 오전 10시에 서울과 평양에서 동시에 성명을 발표하였다.

이후 7 · 4 남북 공동성명은 남북이 통일을 논의할 때 모든 접촉과 대화에서 기본 지침이 되었다. 또한 이 선언으로 분단 26년 만에 처음으로 남북조절위원회가 구성되어 남북 대화의 통로가 마련되었다. 하지만 1973년 8월에 발생한 김대중 납치 사건을 계기로 남북조절위원회는 중단되었다.

한편 국민들의 열광적인 지지를 받았던 7 · 4 남북 공동성명은 그 후 남북 양측에서 나타난 체제의 변화 때문에 '정치적 사기극'이었다는 평가를 받기도 한다. 즉 남한은 10월 유신, 북한은 사회주의 헌법 채택 등에서 보듯 통일 논의를 자신의 권력 기반 강화에 이용하려는 남북한 권력자들의 정치적 의도가 담긴 선언이었다는 것이다.

* 1972년 10월 17일 '대통령 박정희, 10월 유신을 단행하다' 참조
* 1973년 8월 8일 '김대중 납치 사건이 발생하다' 참조

**1996년 7월 4일**

# 아랍계로 위장한 남파 간첩 정수일 구속

1996년 7월 4일, 국가안전기획부는 남파 간첩 정수일을 국가보안법 위반 혐의로 구속하였다. 안기부는 그가 필리핀계 아랍인 무하마드 깐수로 위장하여 10여 년간 국내에서 간첩으로 암약했음이 드러났다고 밝혔다.

1984년 우리나라에 입국한 그는 단국대학교 사학과 박사과정을 밟아 1988년 박사 학위를 받았다. 그 후 그는 단국대학교 사학과 교수로 재직하면서 한국외국어대학교 대학원 아랍어과 강사로 활동해 왔다.

그는 중국 연변에서 출생하여 연변고급중학교와 베이징 대학교 동방학부를 졸업하였다. 이집트의 카이로 대학교 인문학부에 연구생으로 국비 유학했고, 중국 외교부에서도 일하였다. 이후 북한으로 들어간 그는 평양국제관계대학교 및 평양외국어대학교 동방학부 교수로 있다가 '공작원'으로 남파되었다.

그는 아랍어, 영어, 중국어를 모두 구사하여 아랍인으로 행세하는 데 의심을 받지 않았다. 문명교류사 전문 학자로서 고대 한국과 아랍과의 관계에 대한 저술과 기고가 많아지면서 이 분야의 권위자로 알려졌다.

그러다가 서울의 한 호텔에서 '한-미 국방부 국장급 미사일 회담'에 관한 군사 관련 정보를 북한 공작원에게 팩스로 보내다 적발되었다.

그해 12월 26일 대법원은 정수일에게 징역 12년을 선고하였다. 하지만 그는 2000년 8 · 15 광복절 특사로 출소하였다.

정수일은 출소 후에도 활발한 저술 활동을 벌이고 있다. 대표적 저서로는 『고대문명교류사』 『씰크로드학』 등이 있다.

---

**1925년 7월 4일**

# 을축년 대홍수 발생

---

1925년 7월 4일 '을축년乙丑年 대홍수'라 일컫는 홍수가 발생하였다. 강우 전선이 7월 초순부터 9월 초순까지 2개월 동안 남북으로 이동하면서 모두 네 차례에 걸쳐 집중호우가 내렸다.

이 홍수로 인해 전국적으로 697명이 사망하였다. 또한 재산 피해도 엄청났다.

특히 7월 16일부터 18일까지 쏟아진 비의 양은 한강과 임진강 분수령 부근에서 650mm에 이르렀고, 이로 말미암아 임진강과 한강이 대범람을 일으켰다. 이때의 홍수는 한강의 지도조차 바꾸어 버렸다.

하지만 당시 흙이 씻겨 내려가는 바람에 암사동 일대의 선사시대 주거지와 석기시대 유물이 발견되기도 하였다.

1952년 7월 4일

# 제3차, 제4차 개헌안 발췌 통과

1952년 7월 4일 밤, 경찰과 군인의 삼엄한 경비 속에 부산 임시 의사당에서 개헌안이 기립 표결로 통과되었다.

제3차와 제4차 개헌안이 기립 방식으로 표결되어 대통령 직선제가 163대 0으로 발췌 통과된 것이었다.

이승만 대통령이 제출한 직선제 개헌안과 국회가 제출한 내각제 개헌안을 적당히 섞어 발췌했다 하여 이른바 '발췌개헌안'으로 불렸으나 사실은 이승만 개헌안의 골자를 모두 살린 것이었다.

개헌안의 통과로 이승만은 재선과 장기 집권의 뜻을 달성할 수 있게 되었다.

7월의
모든 역사

# 7월 5일

.
.
.

2001년 7월 5일

# 국제식품규격위원회,
# 김치를 국제 규격 식품으로 승인하다

무우 · 배추 캐어 들여 김장을 하오리다.

앞 냇물에 정히 씻어 함담鹹淡을 맞게 하소.

고추 · 마늘 · 생강 · 파에 젓국지 장아찌라.

독 곁에 중두리요 바탱이 항아리요.

양지에 가가 짓고 짚에 싸 깊이 묻고……

-『농가월령가農家月令歌』

김치는 무 · 배추 · 오이 등과 같은 채소를 소금에 절이고 고추 · 파 · 마늘 · 생강 등 여러 가지 양념을 버무려 담근 채소의 염장 발효 식품을 말한다.

김치에 관한 기록은 지금으로부터 2600~3000년 전에 중국 최초의 시집인 『시경』에 나타나 있다. "밭두둑에 외가 열었다. 외를 깎아 저菹를 담그자."는 구절이다. '저'가 바로 김치이다.

우리나라 문헌상으로는 고려시대의 학자 이규보가 지은 「가포육영」 이라는 시 속에 순무를 재료로 한 김치가 최초로 등장한다.

무 장아찌 여름철에 먹기 좋고 소금에 절인 순무 겨울 내내 반찬되네.

이를 통해 고려시대의 김치로는 무 장아찌와 무 소금절이가 있었음을 알 수 있다.

조선시대에 들어서면 농학자 유중림이 쓴 『증보산림경제』에 여러 가지 김치에 대한 설명이 나와 있다.

나복함저는 무에다 고추를 저며서 넣고 오이 · 호박 · 동아 · 천초 · 부추 · 미나리 등을 뿌리면서 항아리에 포개어 담고 소금물과 마늘즙을 넣고 봉한 김치를 말한다.

황과담저는 오이를 주재료로 하여 나복함저와 같은 방법으로 담근다고 하였고, 초숙은 죽순 · 부들순 · 연뿌리 · 무 · 부들뿌리 등을 소금과 누룩, 또는 멥쌀밥과 소금 · 누룩에 섞어 절인 것이라고 하였다.

그 밖에도 오이 · 가지 · 생강 · 마늘 등을 술지게미 · 소금 · 백비탕 식힌 것에 담갔다 건져서 다시 술 · 술지게미 · 소금을 섞은 것에 담그는 조해법과, 가지 · 동아 · 오이 등을 초에 절였다가 다진 마늘과 소금을 섞어 절이는 산법을 기록하고 있다.

한편 우리나라에서는 김치를 '지漬'라고 하였다. 김치란 이름은 조선 초기인 중종 13년(1518)의 『벽온방』에 나온다. 여기에 "무딤채국을 집안사람이 다 먹어라."라는 말이 나오며, 1525년의 『훈몽자회』에서는 저를 '딤채조'라 하였다.

즉 소금에 절인 채소에 소금물을 붓거나 소금을 뿌림으로써 독자적으로 국물이 많은 김치를 만들어낸 것이다. 이것은 숙성되면서 채소 속의 수분이 빠져나오고 채소 자체는 채소 국물에 침지沈漬된다. 또 국물이 많은 동치미 같은 것에서는 채소가 국물 속에 침전되고 만다.

여기서 우리네 고유의 명칭인 침채가 생겨난 것이다. 국어학자 박갑수는 침채가 팀채가 되고 이것이 딤채로 변하고 딤채는 구개음화하여 김채가 되었다고 주장하였다. 또한 다시 구개음화의 역현상이 일어나서 오늘날의 김치가 된 것이라고 풀이하였다.

지금처럼 속이 꽉 찬 결구형 배추가 우리 식탁에 등장하기 시작한 것은 불과 100년 정도밖에 되지 않았다. 그러나 1988년 서울 올림픽 개최 이후 김치는 세계적인 음식으로 각광을 받게 되었다. 2000년에는 일본·미국·영국 등 외국에 7,900만 달러의 김치를 수출할 정도로 인기를 얻게 되었다.

이 인기에 힘입어 김치는 2001년 7월 5일 국제식품규격위원회CODEX 제24차 총회에서 국제 규격 식품으로 승인받았다. CODEX는 식품 분야의 국제 표준을 정하는 국제 협의체로, 총 8단계에 걸쳐 심사를 진행한 다음 국제 규격의 식품을 공인한다.

여기에서 '김치'는 '절임배추에 고춧가루·마늘·생강·파·무 등 여러 양념을 혼합한 뒤 젖산 생성에 따른 적정한 숙성과 보존성이 확보되도록 저온에서 발효한 제품'으로 국제 규격화되었다.

또한 국제식품규격위원회의 공인에 따라 김치는 'kimchi'라는 영문 명칭으로 통용되었다. 따라서 일본의 '기무치'란 이름은 더 이상 사용할 수 없게 되었다.

이것은 국제사회가 한국을 김치 종주국으로 확인했다는 의미이며, 김치가 세계적인 식품으로 발전할 수 있는 계기가 마련된 것이라고도 할 수 있다. 우리나라 특유의 채소 가공법인 김치 담금의 특성이 모두 인정된 것이었다.

도로 시설과 교통수단의 발달로 지금은 전국의 김치가 거의 동일해졌지만 각 지방마다 특색 있는 김치가 있다. 북쪽의 추운 지방에서는 고춧가루를 적게 쓰는 백김치 · 보쌈김치 · 동치미 등이 유명하며, 호남 지방은 매운 김치, 영남 지방은 짠 김치가 특색이다.

또한 김치를 담글 때 새우젓 · 조기젓 · 멸치젓 등이 쓰이는데, 중부와 북부 지방에서는 새우젓 · 조기젓을 쓰고 남부 지방에서는 멸치젓 · 갈치젓을 많이 쓰는 것이 특징이다.

——

**1900년 7월 5일**

# 한강철교 A선 준공

——

1897년 3월 29일 인천 우각현에서 우리나라 최초의 철도인 경인철도가 착공되면서 한강철교도 공사에 들어갔다.

그리고 1900년 7월 5일 한강철교가 준공되면서 한성과 인천을 잇는 철도 전 구간이 개통되었다. 이때 부설된 철교가 1,110.25m 길이의 A

선이었으며, 한강에 부설된 최초의 다리였다.

이후 한강철교는 1912년 9월에 1,110.25m의 B선, 1944년 6월에는 1,112.8m의 C선을 완공하였다. 하지만 1950년 한국전쟁 때 밀려오는 북한군을 저지하기 위하여 A선·B선·C선은 모두 폭파되는 비운을 맞았다.

이후 가복구하여 임시로 사용하다가 1969년 6월에야 완전 복구되었다. 1995년에는 D선을 건설하여 오늘날의 모습을 갖추게 되었다.

한편 이날 한강철교 준공으로 완전 개통되었던 경인철도는 1974년 수도권 전철화 계획에 따라 전철화되었다.

* 1897년 3월 29일 '우리나라 최초의 철도인 경인철도 착공' 참조

―

1955년 7월 5일

# '한국의 로빈슨 크루소' 조병기 귀국

―

태평양전쟁이 한창이던 1942년 7월 일제에 징용을 당해 남태평양으로 끌려갔던 조병기가 14년 만인 1955년 7월 5일 부산항으로 돌아왔다.

그는 남태평양 고도인 메레레우 섬에 배치되었으나 광복 직전인 1945년 7월 미군의 공격으로 일본군 2만 명과 한국인 250명의 부대원이 거의 몰살당하였다.

유일하게 살아남은 그는 전쟁이 끝난 줄도 모른 채 "미군에 잡히면 귀 코 입을 잘라 죽인다."는 일본군의 말에 속아 달팽이와 식물뿌리 등을 삶아 먹으면서 원시인처럼 생활하였다.

이후 원주민 농장에서 고추를 자주 따먹다가 1955년 5월 7일 원주민에게 붙잡혔다. 그리고 섬에 있는 미군에게 인계되어 고향땅을 밟은 것이다.

조병기가 우리나라에 돌아와 보니 떠날 때 생후 3개월이었던 아들은 14세가 되었고, 아내는 이미 재가한 상태였다.

---

**1987년 7월 5일**

# 연세대생 이한열,
# 최루탄 맞고 27일 만에 사망하다

---

1987년 민주화 운동 당시 시위를 벌이다 최루탄에 맞아 사경을 헤매던 이한열이 7월 5일 새벽 세상을 떠났다.

이에 앞서 6월 9일 오후 5시 경, 연세대학교 정문 앞에서는 1,000여 명의 학생들과 경찰이 화염병, 돌멩이, 최루탄이 오가는 공방전을 벌였다.

이 시위에 참석하였던 경영학과 2학년생 이한열은 경찰이 쏜 직격 최루탄을 맞아 코와 입에 피를 흘리며 의식을 잃었다.

그 후 그는 병원으로 옮겨져 치료를 받다가 27일 만에 세상을 떠난 것이다.

* 1987년 6월 9일 '연대생 이한열, 시위 도중 최루탄에 부상' 참조

7월의
모든 역사

# 7월 6일

■
．
■

—

1998년 7월 6일

# 박세리, 맨발 투혼으로
# 사상 최연소 US 여자오픈 우승을 차지하다

—

"오늘 태어나서 처음으로 울어 봤다. 우승하리라고는 생각도 못했
다. 그저 최선을 다하겠다는 마음뿐이었는데 결과가 좋았다."

-박세리, 1998년 US 여자오픈 우승 인터뷰

1997년 초, 우리나라는 경상수지 적자의 지속, 외자 도입의 부진 등으로 외환시장에서 불안한 징조가 나타났다. 하반기 들어서도 나아질 기미가 보이지 않았다. 오히려 기업의 부도가 늘어났으며, 동남아시아의 금융 위기가 확산됨에 따라 우리나라 경제에 대한 불신이 점차로 높아져 외화 차입이 차질을 빚는 등 외환위기 징후가 현실로 나타났다. 결국 11월 21일 우리나라는 국제통화기금IMF에 구제 금융을 신청하였다.

그 시련은 가혹하였다. 하루 평균 40개 기업이 쓰러졌고, 직장 내에서는 구조 조정으로 많은 이들이 해고되었다. 은행 대출이자 또한 높아져 돈을 빌리기가 어려워졌다. 희망을 잃은 국민들은 자살로 생을 마감하기도 하였다.

바로 이러한 때 국민들에게 희망을 준 사람이 나타났다. 바로 여자 프로 골프 선수 세리 팩SeRi Pak, 박세리였다.

박세리는 1977년 대전에서 태어났다. 그녀의 아버지 박준철은 골프광이었다. 그래서 박세리는 아버지의 권유로 초등학교 6학년 때부터 골프를 시작하였다. 1996년 박세리는 국내 프로 골퍼로 데뷔하였고, 1997년 미국여자프로골프LPGA 프로테스트에서 1위를 차지하면서 미국에 진출하였다.

그녀는 미국 무대에 데뷔한 지 7개월 만인 1998년 5월 'LPGA챔피언십'에서 정상에 올랐다. 그리고 마침내 1998년 7월 6일 미국 위스콘신 퀄러의 블랙울프런 골프리조트에서 열린 '98 US 여자오픈 골프 대회'에서 우승을 차지하였다. 그것도 US 여자오픈 대회 사상 최연소 우승이었다.

특히 박세리가 맨발 투혼으로 해저드에 들어가 샷을 날리는 모습이 TV로 전국에 생중계되면서 IMF 구제 금융으로 실의에 빠진 국민들에게 그녀는 국민적인 영웅으로 떠올랐다. 박세리는 그해 LPGA '올해의 신인

왕'을 수상하였다.

이후 박세리는 2001년 '브리티시여자오픈' 우승, 2002년 'LPGA챔피언십'에서도 우승함으로써 최연소로 메이저 대회에서 4승을 차지한 여자 골퍼가 되었다. 이것은 1960년 미국의 여자 골프 선수 미키 라이트가 25세 4개월의 나이로 세운 기록을 만 24세 9개월의 박세리가 42년 만에 갱신한 것이었다.

2003년에는 베어 트로피, 2006년에는 헤더 파 어워드를 수상하였다. 2007년 6월에는 우리나라 골프 선수로는 최초로 LPGA 명예의 전당에 입회하였다. 7월에는 한국여자프로골프KLPGA 명예의 전당에 입회하였다.

2012년 현재까지도 박세리는 선수로서 활발한 활동을 펼치고 있다.

한편 박세리가 미국에서 활약하는 모습을 보고 골프에 입문한 어린 학생들이 많았는데, 이들을 가리켜 '박세리 키즈kids'라고 부른다. 1988년생인 그들은 신지애·박인비·오지영·지은희 등으로, 박세리를 롤모델로 삼았다. 이들은 2008년 브리티시여자오픈·US여자오픈·스테이트팜클래식, 2009년 US여자오픈 등에서 우승하면서 박세리 키즈의 저력을 과시하였다.

1599년 7월 6일

# 권율 장군이 사망하다

임진왜란을 극복하는 데 가장 빛나는 역할을 한 인물을 꼽는다면 바다에서는 이순신을, 육지에서는 단연 권율을 들 수 있다.

권율은 영의정 권철의 넷째 아들로 태어났다. 그는 아버지가 정승으

로 있는 동안에는 과거에 응시하지 않았다. 그러다가 아버지가 죽고 3
년상을 마치자 비로소 1582년 식년문과에 응시해 급제하였다. 이미 사
십 중반의 늦은 나이였을 뿐 아니라, 사위인 이항복은 이미 두 해 전에
과거에 합격한 상태였다.

권율은 벼슬길에 오른 후 내외의 여러 요직들을 역임하다 1592년 4
월 14일 임진왜란이 일어나자 선조의 특명으로 광주목사에 임명되었
다. 권율은 잠시도 머뭇거리지 않고 임지로 떠났다.

사위 이항복은 무엇이 그리도 급하여 서두르느냐고 안타까워하였다.
워낙 아군에게 전세가 불리하던 때라 삼남 지방으로 내려가는 것은 사
실상 죽으러 가는 길이었기 때문이다.

이 무렵 선조는 충청 · 전라 · 경상 감사에게 조서를 내려 삼도가 연
합해 북쪽으로 진격할 것을 명령하였다. 전라도 순찰사 이광도 도내의
군사 약 4만 명을 이끌고 북으로 향하였는데, 이때 권율도 이광의 휘하
에 속하여 함께 출전하였다.

이광의 군대가 수원 부근에 도착하자 인근에 있던 왜군 수백 명이 용
인 북쪽 두문산과 문소산에 들어가 움직이지 않았다. 이광이 이곳을 공
격하기로 하자 권율은 소규모의 적과 싸워 병력을 소모하지 말고 한강
을 건너 임진강에 방어선을 치자고 주장하였다.

그러나 이광은 권율의 의견을 묵살하고 적들을 공격하다가 한양에서
내려온 왜병의 기습을 받아 참패를 당하였다. 이광은 남은 군사를 이끌
고 힘없이 전주로 퇴각하였다.

권율도 자신의 군사를 흩어짐 없이 인솔하여 광주로 되돌아가 조련
에 힘썼다. 왜군이 고바야카와를 앞세워 금산을 거쳐 전주를 공략하려
고 하자 이광은 권율을 도절제사로 삼아 방어전의 책임을 맡겼다.

권율은 동복현감 황진과 함께 이치 고개로 나가 왜군의 진격을 차단하였다. 이곳에서 권율은 분전하여 큰 승리를 거두었다. 이 전투에서 패하였다면 호남은 왜군의 수중에 떨어졌을 것이 분명하다. 후일 권율이 행주대첩보다 이치 싸움에 더 큰 의미를 부여한 것도 이러한 의미가 있어서였다.

이치에서 권율이 큰 승리를 거두자 조정은 그를 곧 전라 감사로 승진시켰다. 그해 12월, 권율은 도성 수복을 위해 1만여 명의 군사를 동원하여 한양으로 출발하였다. 도중에 수원 독성산성에서 왜군을 격파한 그는 조명 연합군이 평양을 탈환하고 남하한다는 소식을 듣자, 한양 서쪽에 있는 행주산성으로 병력을 이동하였다.

그러나 벽제관에서 명나라의 이여송이 대패해 평양으로 군사를 돌리자 상황은 거꾸로 돌아갔다. 한양을 점령한 왜군이 배후에서 자신들의 목덜미를 조르고 있는 권율을 대대적으로 공격한 것이었다.

하지만 방어전의 명수였던 권율은 적은 병력과 철옹성도 아닌 불리함 속에서도 수차례에 걸쳐 왜군을 격퇴하였다. 이 전투에서 왜군은 1만여 명의 사상자를 냈다. 조선이 이처럼 큰 승리를 거둔 것은 전쟁이 발발한 이래 처음이었다.

그 뒤 권율은 왜군의 재침을 우려하여 파주산성으로 옮겼다가, 강화회담으로 휴전 상태에 들어가자 전라도로 다시 돌아왔다.

그해 6월 행주대첩의 공로를 인정받은 그는 도원수로 승진해 전쟁이 끝날 때까지 육전을 총지휘하였다.

모든 전쟁이 끝나자 권율은 1599년 노환을 이유로 관직을 내던지고 강화도로 내려갔다. 그리고 거기에서 7월 6일 62세를 일기로 사망하였다.

* 1592년 4월 14일 '임진왜란이 시작되다' 참조
* 1593년 2월 12일 '권율, 행주에서 크게 승리하다' 참조

—
1992년 7월 6일

# 일본의 가또 관방장관, 종군위안부의 존재를 공식 인정하다
—

1992년 7월 6일, 일본의 관방장관 가또 고이찌가 기자회견을 통하여 '종군위안부' 문제와 관련한 중간 조사 결과를 발표하였다. 여기에서 그는 종군위안부 문제에 일본 정부가 관여했다는 점을 공식적으로 인정하였다.

그동안 종군위안부 문제의 존재를 부인하거나, 또는 민간업자가 한 일이라고 하면서 일본 정부의 관여를 부인해 왔던 종전의 입장을 바꾼 것이었다. 그러나 강제성은 여전히 부인하였다.

일본 정부가 조사한 관련 문서는 총 127건으로, 내용은 주로 위안소 설치, 위안부 모집 관계자 단속, 위안 시설의 설치 및 증축, 위안소의 경영 및 감독, 위안소 위안부의 위생 관리, 위안소 관계자의 신분 증명서 발급 등에 관한 것이었다.

하지만 '종군위안부' 제도의 도입 시기와 관련해서는 1936년도의 자료만이 제시되었다.

1978년 7월 6일

# 박정희, 제9대 대통령 당선

1978년 7월 6일 서울 장충체육관에서 제9대 대통령을 선출하는 선거가 실시되었다.

통일주체국민회의 소속 대의원들에 의한 간접선거 방식이었다. 재적대의원 2,581명 중 2,578명이 참석하였고, 박정희가 공화당의 단일 후보로 나섰다.

박 후보는 2,577표를 획득하여 당선이 확정되었다. 이로써 그는 1963년 직접선거로 5대 대통령에 당선된 이래 5선을 기록하였다.

박정희는 당선 소감을 통해 1980년대에 조국을 번영시켜야 하는 사명감에 무거운 책임을 느낀다고 밝혔다.

하지만 그는 이듬해인 1979년 10월 26일 김재규 중앙정보부장의 총탄을 맞고 세상을 떠났다.

* 1979년 10월 26일 '박정희 대통령, 김재규의 총탄에 사망하다' 참조

7월의
모든 역사

# 7월 7일

∎
∙
∎

—

1970년 7월 7일

# 경부고속도로가 개통되다

—

특히 이 공사를 통해서 우리가 자랑스럽게 생각하는 것은 이 공사
에 투입된 예산은 우리 국민 여러분들이 낸 세금에 의해서 우리 돈
으로서 이루어졌다 하는 것입니다.

여기에는 외국의 원조나 차관이나 이런 것은 한 푼도 들어 있지 않
습니다. 순전히 우리 돈으로 했습니다. 또한 우리나라의 기술진에
의해서 했습니다. 외국 사람의 기술이나 지도를 받지 않고 우리 기
술만 가지고 했습니다.

또한 이 공사는 다른 나라에서 만든 고속도로에 비할 것 같으면 가
장 싼값으로 빨리 했습니다. 이러한 데 대해서 우리는 자랑스럽게
생각합니다.

-박정희, 경부고속도로 개통 기념 연설문

1964년 12월 8일 박정희 대통령은 한독 정상 회담을 위해 서독을 방문하였다. 거기에서 박정희는 자동차를 타고 독일이 자랑하는 아우토반 고속도로를 시속 160km로 달려 보게 되었다.

동행한 서독의 에르하르트 총리는 고속도로가 제2차 세계 대전 후 완전히 몰락한 서독 경제 부흥의 원동력이 되었다고 말하였다. 이 말을 들은 박정희는 경부고속도로 건설을 결심하였다.

이후 박정희는 '고속도로 건설계획 조사단'을 만들어 경부고속도로 건설 사업에 매진하였다. 조사단은 수시로 독일로 건너가 아우토반에 대한 자료를 모았고, 박정희도 직접 국내 각 지역을 수십 번 왕래하며 국토를 조사하였다. 이런 노력 끝에 드디어 2년 반 만에 경부고속도로 건설 계획은 구체화되었다.

하지만 이 계획은 야당과 언론의 반대에 부딪혔다. 그들은 아직 고속도로라는 말조차 생소할 뿐만 아니라, 막대한 예산 투입으로 국가 재정이 파탄날 것이라고 주장하였다. 세계은행IBRD도 '경부고속도로는 한국에 불필요한 공사'라며 차관 제공을 거절하였다.

> "어렵다고 못하겠다고 하는 것들이 병신들이지. 국가의 형편에 맞게 총력
>  을 기울이면 된다."

그러나 박정희의 의지는 확고하였다. 결국 그는 1967년 10월 경부고속도로 건설 계획을 전격적으로 발표하였다. 그리고 일찍부터 해외에 진출하여 고속도로 건설에 대한 지식과 경험을 쌓았던 현대건설 정주영 회장을 청와대로 불렀다.

박정희는 정주영에게 경부고속도로 건설에 소요될 최저 소요 경비를

산출해 달라고 하였다. 정주영은 여러 차례의 실사實査를 통해 380억 원을 산출하였다. 정부는 여기에 10% 예비비를 추가해 430억 원의 공사비를 책정하였다.

그리고 마침내 1968년 2월 1일, 경부고속도로 공사가 막을 올렸다. 정주영의 전략은 공사 기간의 단축을 통해 공사비를 최소화한다는 것이었다. 하지만 이것은 쉽지 않았다. 몇 차례의 폭우와 홍수는 공사 기간을 연장시켰다. 한겨울에는 도로가 꽁꽁 얼어붙어 공사를 진행하기가 어려울 때도 있었다.

그중에서 가장 문제가 된 것은 당제 터널이었다. 소백산이 가로 놓여 있는 옥천과 영동을 잇는 당제 터널은 상행선 590m, 하행선 530m의 난공사 지역으로, 그 지층이 절암토사節岩土砂로 된 퇴적층이었다. 정주영과 현대 건설 간부들은 함께 머리를 맞댔다. 마침내 현장소장이었던 엄봉용이 대안을 내놓았다.

"조강시멘트를 생산해 주시면 제 기간에 공사를 끝낼 수 있습니다."

정주영은 이 말을 듣고 즉각 조강시멘트를 생산할 것을 지시하였다. 조강시멘트는 일반 시멘트보다 20배 빨리 굳는 것이었다. 인부들은 굴을 파자마자 그 자리에 시멘트를 이겨 발라 붙이는 기상천외한 방법을 사용하였다. 결국 이 아이디어는 적중해 3개월이 걸릴 거라는 당제 터널은 25일 만에 뚫렸다.

이렇게 공사 기간을 앞당긴 덕분에 완공 목표를 거의 1년이나 앞당긴 1970년 7월 7일 경부고속도로가 전 구간 4차선 도로로 준공, 개통되었다. 착공한 지 2년 5개월 만이었다.

이후 경부고속도로는 자동차 보유대수의 폭증과 더불어 지·정체 구간이 계속 늘어남에 따라 전 구간이 6~8차선 도로로 확장되었다.

경부고속도로는 기존의 철도·국도와 중복을 피하면서 수도권과 영남 공업 지역 및 인천항과 부산항의 2대 수출입항을 연결하는 대동맥 연결을 하며 전국을 1일 생활권으로 만들었다. 또한 인적·물적 자원의 지역 간 이동을 수월토록 하여 경제 발전을 촉진하였다.

—

**1546년 7월 7일**

# 화담 서경덕이 세상을 떠나다

—

서경덕이 개성 근처 성거산에 은둔하고 있을 때의 일이다. 당시 서경덕의 학식과 인품은 인근에 소문이 자자하였다. 이때 천하의 미인 황진이가 은근히 서경덕을 사모하여 그에게 접근하였다.

그녀는 이미 왕족 벽계수와 30년 수도승인 지족선사까지 무너뜨린 터라 기세가 등등하였다. 자기 앞에서는 어떤 남자도 사족을 못 쓸 것이라는 오만이었다.

그녀는 비에 젖은 하얀 속옷 차림으로 맨살을 드러낸 채 서경덕이 기거하는 초당을 찾아갔다. 하지만 그는 전혀 동요되지 않고 직접 그녀의 옷을 벗겨 젖은 몸을 닦아 주었다. 그러고는 이불을 펴 그녀를 눕히더니 다시 꼿꼿한 자세로 책을 읽었다.

밤이 되어 그녀의 옆에 누웠지만 그는 황진이 보기를 목석 대하듯 하였다. 이에 황진이가 자신의 행동에 부끄러워 몸 둘 바를 몰랐다. 그녀는 서경덕에게 말하였다.

"송도에는 꺾을 수 없는 것이 세 가지가 있사옵니다. 첫째가 박연폭포이
고, 둘째가 선생님이옵고, 마지막이 저입니다."

이 말에 서경덕은 그저 미소만 지을 뿐이었다. 이른바 '송도삼절松都三
絶'이라는 말은 여기서 생겨났다.

서경덕은 1489년 개성 교외에서 쇠락한 양반집의 아들로 태어났다.
아버지 서호번이 비록 벼슬을 했다고는 하나 이름도 없는 낮은 것이어
서 남의 땅을 빌려 겨우 먹고 살았다고 한다. 그는 땅 주인이 소작료를
확인하지도 않을 만큼 정직성을 인정받았다.

그러나 집안은 가난을 면치 못하여 서경덕은 변변한 교육을 받을 수
가 없었다. 하지만 근처에 있는 서당 훈장이 그의 총명함을 아껴 직접
가르치기 시작하였다.

14세에 『서경書經』을 배우는데, 훈장이 기삼백朞三百 편에 이르러 "이는
누구도 아는 이가 드물다."고 하자 서경덕은 보름 동안 붙들고 늘어져
기어코 그 뜻을 터득해 냈다. 이것은 해와 달의 운행과 관련된 복잡한
내용으로 그의 천재성을 엿볼 수 있는 대목이었다.

그는 너무나 학문에 열중한 나머지 밥을 먹어도, 길을 걸어도, 온통
머릿속에는 공부 생각만 들어 있었다. 18세에는 대학의 '치지재격물조
致知在格物條'를 읽다가 '학문을 닦음에 먼저 격물格物을 하지 않는다면 글
을 읽어 무엇하랴.'며 천지만물의 이름을 써다가 벽에다 붙이고 날마다
그것을 연구하였다.

이렇게 방안에만 갇혀 깊은 사색과 독서로 시간을 지내다 보니 그는
문지방도 혼자 넘지 못할 만큼 몸이 망가졌다. 이 때문에 21세 때부터
는 수년간 전국의 명산을 돌아다니며 건강을 챙기는 데 열중하였다. 그

는 사찰의 승려들과도 만나 대화를 나누면서 사색의 지평을 넓혔다.

여행을 끝내고 다시 고향에 돌아온 서경덕은 여전히 학문 탐구에 정열을 쏟았다. 시간이 흐르면서 그의 학문적 명성은 점점 전국으로 퍼져나갔다. 이를 증명해 주듯 31세 때에는 조광조가 설치한 현량과에 최우선으로 추천되기도 했으나 사양하였다. 대신에 그는 화담花潭이란 곳에 조그마한 서재를 짓고 학문을 닦으며 후배들을 가르치는 데에만 몰두하였다.

이처럼 관직을 멀리한 그였지만 어머니의 간청만은 차마 뿌리치지 못하였다. 1531년 43세의 나이로 서경덕이 생원시에 응시하여 장원으로 급제한 것은 어머니의 요청 때문이었다. 하지만 그 뿐이었다. 그는 다시 화담으로 돌아가 책에 파묻혀 지냈다.

서경덕은 조선의 성리학자들 가운데 스승이 없는 특이한 경우에 속한다. 자연과 책이 그의 벗이자 스승이었다. 그의 학설에 큰 영향을 끼친 것은 북송시대 주돈이의 학설이었다.

서경덕은 이理가 기氣 밖에 따로 존재하는 것이 아니라 하나로 이루어져 있다는 이기합일론理氣合一論을 주장하였다. 즉 기를 떠난 자연이나 사물은 존재하지 않는데, 이理는 기氣의 작용 속에 깃든 질서일 뿐이라는 것이다.

이것은 우주의 근원을 이로 파악하고 이가 기보다 우선적인 존재라는 주자의 이기이원론理氣二元論과는 완전히 다른 것이었다. 이런 서경덕의 사상은 조선 기氣철학의 중심으로 자리 잡아 이후 주자의 절대성을 부정하는 북인과 근기남인학파의 사상적 씨앗이 되었다.

1544년에도 그는 김안국 등에 의해 후릉참봉에 추천되었지만 여전히 사양하였다. 그가 이처럼 출사를 거부한 것은 그의 처사적 기질과

더불어 당시의 음울한 시대 분위기도 작용하였다. 훈구파와 사림파 간
의 갈등으로 조정에는 툭하면 피바람이 몰아쳤기 때문이다.

　무더위가 기승을 부리던 1545년 7월 7일, 서경덕은 제자들이 지켜보는
가운데 마지막 숨을 몰아쉬었다. 제자 하나가 지금 기분이 어떠냐고 그에
게 물었다. 그러자 서경덕은 다음과 같이 대답하고는 숨을 거두었다.


"살고 죽는 이치를 내 이미 오래 전에 알았기에 마음이 편하다."


—

**1988년 7월 7일**

# 노태우 대통령, 7 · 7 선언 발표

—

　1988년 7월 7일 노태우 대통령이 '민족 자존과 통일 번영을 위한 대
통령 특별 선언', 즉 7 · 7 선언을 발표하였다.

　이 선언은 ① 남북한 동포 간의 상호 교류 및 해외 동포들의 자유로
운 남북 왕래 ② 이산가족 교신, 상호 방문 주선 ③ 남북한 간 물자 거
래, 문호 개방 ④ 우방국과의 북한 무역 반대하지 않음 ⑤ 대결 외교 지
양, 국제 무대 협력 ⑥ 북한은 미일, 한국은 중소와의 관계 개선 등 6개
항을 골자로 하고 있다.

　즉 지금까지 유지되어 온 북한과의 체제 우위적 대립 관계를 탈피하
고, 선의의 동반자 관계를 유지하며 북한을 또 다른 체제로 인정한다는
것이었다. 이를 바탕으로 궁극적으로는 통일을 실현한다는 통일 방향
을 제시하였다. 또한 중국, 소련 등 공산권에 대한 개방 정책을 추진한
다는 내용도 담고 있었다.

7 · 7 선언은 제6공화국의 대북 정책, 북방 정책의 기본 방향을 제시한 것으로서 남북 회담과 남북 경제 교류의 촉매제가 되었다.

—
**1973년 7월 7일**

# 경주 황남동 고분 98호 발굴 시작

—

1973년 7월 7일, 문화재 관리국 경주 고적 발굴 조사단이 경주 황남동 98호 고분 발굴 조사에 착수하였다.

황남대총으로도 불리는 이 고분은 높이 23m, 남북 길이 120m, 동서 직경 80m의 표주박 모양의 쌍분이다. 경주에서 가장 규모가 큰 돌무지 덧널무덤이기도 하였다.

부부묘로 밝혀진 이 고분은 남자가 먼저 죽어 무덤에 묻힌 뒤(南墳), 훗날 여자의 무덤(北墳)을 남분의 바로 곁에 조성한 것이었다. 남분의 주인공은 60대의 남자로 추정되고 15세 전후의 여성 유골이 관 밖에서 수습되어 순장의 흔적을 나타내고 있었다.

1975년 10월까지 2년 4개월에 걸쳐 발굴하였는데, 순금제 금관을 비롯해 실용적인 은관, 실크로드를 통해 수입된 것으로 보이는 로만그라스 등 무려 7만여 점의 유물이 쏟아져 나왔다.

그런데 남분에서는 도금한 금동관이 나온 데 반해 북분인 여자의 무덤에서는 순금으로 된 금관이 출토되어 궁금증을 자아내었다.

—

**1888년 7월 7일**

# 「한성주보」 폐간

—

적자에 허덕이던 「한성주보<sub>漢城周報</sub>」가 박문국이 통리교섭통상아문에 부속되면서 1888년 7월 7일 자연히 폐간되었다.

이에 앞서 통리아문 독판 김윤식은 우리나라 최초의 근대 신문인 「한성순보<sub>漢城旬報</sub>」가 폐간되자 이의 복간을 위해 임금으로부터 신문 복간의 윤가를 얻고 교동에 박문국 건물을 지었다.

그리고 편집 진영을 갖추고 1886년 1월 25일자로 첫 호 「한성주보」를 발행하였다. 「한성순보」가 폐간된 지 14개월 만이었다.

「한성주보」는 주간 신문으로, 창간호는 16면으로 발행되었다. 국한 문을 섞어 쓰거나 때로는 한글만으로 지면을 채운 이 신문은 최초로 상업 광고를 실었다.

그러나 발간 2년 반 만에 적자가 누적되어 폐간되고 말았다.

* 1883년 10월 31일 '「한성순보」 창간' 참조
* 1886년 1월 25일 '「한성주보」 첫 호 발행' 참조

7월의
모든 역사

# 7월 8일

■
•
■

—

## 1971년 7월 8일

# 백제 무령왕릉이 발굴되다

—

무령왕릉은 배수로 작업을 하던 인부의 삽 끝에 벽돌이 걸리면서 그 발굴이 시작되었다. 왕릉이 도굴되지 않고 이렇게 완벽하게 발견된 것은 정말 대단한 행운이었다.

1500년이나 굳게 닫혀 있던 비밀의 문이 열리자 그곳에선 수많은 유물들이 쏟아져 나왔다. 특히 무덤의 주인공이 누구인가 알게 해준 지석의 발견은 감격적인 것이었다. 무령왕릉은 한마디로 백제사의 비밀을 풀어 주는 블랙박스였다.

그러나 이 세기의 대★발견은 졸속 발굴로 인해 커다란 오점을 남겼다.

1971년 7월 5일 공주 송산리 백제 고분군에서 배수로 작업을 하던 인부의 삽 끝에 벽돌의 일부가 걸렸다. 이 사실은 곧바로 공사 책임자인 김영배 공주박물관장에게 전달되었다.

그 순간, 김영배는 이것이 새로운 백제 벽돌무덤일 것이라는 직감에 온몸이 흥분되었다. 그는 공주사범대 교수이던 안승주와 함께 바람처럼 현장으로 달려가 그 벽돌을 따라 파들어 갔다.

공주 지역 문화재 공사 감독관이던 윤홍로도 이 소식을 듣고 급히 현장으로 달려 왔다. 그는 발굴 작업을 즉시 중지시켰다. 하지만 이미 널길(무덤으로 들어가는 입구)의 1/3을 파들어 간 상태였다. 윤홍로는 문화재 관리국에다 현지의 상황을 긴급 보고하였다.

윤홍로의 보고를 접한 문화재 관리국은 김원룡 국립 중앙 박물관장을 단장으로 한 조사단을 파견하기로 결정하였다. 현지의 학자들은 발굴 작업을 계속해야 한다며 윤홍로를 압박했지만 소용이 없었다. 작업을 중지시킨 지 이틀이 지난 7일이 되어서야 서울에서 조사단이 도착하였다.

오후 4시부터 밖으로 드러난 벽돌벽을 따라 무덤의 입구를 드러내는 작업에 들어갔다. 그러나 이날 저녁부터 소나기가 쏟아지자 조사단은 무덤 속으로 빗물이 들어가지 못하도록 조치하고 발굴 작업은 다음날로 미루었다. 밤 사이 "왕릉의 입구를 파헤치자 천둥 번개와 함께 소나기가 쏟아졌다."라는 과장된 소문이 공주 시내에 퍼졌다.

이튿날인 8일 새벽부터 구름이 걷히기 시작하였다. 조사단은 아침 8시부터 본격적인 발굴 작업에 들어갔다. 오후 3시쯤이 되어 아치형으로 된 무덤 입구의 흙을 모두 걷어냈다. 조사단은 막걸리와 수박, 북어들로 간단한 제사상을 차려 무덤의 주인공을 위로하였다.

그리고 마침내 김원룡과 김영배가 잔뜩 흥분된 상태로 널길을 막고 있던 맨 위의 벽돌을 하나씩 들어냈다. 이때 안쪽의 찬 공기가 밖으로 흘러나와 따스한 공기와 만나면서 순간적으로 성에가 생겼다. 이를 두고 바깥 공기가 일시에 안으로 들어가 모든 유물을 파괴했다는 황당한 소문이 돌기도 하였다.

김원룡과 김영배가 벽돌 틈으로 무덤 안을 들여다보자, 무섭게 생긴 돌짐승이 마치 불침번이라도 서듯 두 사람을 노려보았다. 둘은 순간 움찔하였다. 돌짐승 앞에는 두 장의 석판이 보였다. 무덤 속은 썩은 목관들이 이리저리 뒹굴어 다니고, 벽돌 틈을 비집고 들어온 나무뿌리는 장막처럼 드리워져 바닥을 덮고 있었다.

김원룡은 잠시 고개를 돌려 뒤를 돌아보더니 김영배에게 침착하자고 소곤거렸다. 발굴자가 흥분하면 군중들도 덩달아 흥분해 무슨 일이 벌어질지 모른다는 의미였다. 둘은 아무 말 없이 나머지 벽돌을 들어낸 뒤 무덤 속으로 들어갔다. 무려 1500년이나 굳게 닫혀 있던 비밀의 문이 열린 것이었다.

돌짐승 앞에 가지런히 놓여 있는 돌판은 이날 발굴의 하이라이트였다. 비록 천년도 더 된 먼지가 앉아 있었지만 거기에는 '영동대장군백제사마왕寧東大將軍百濟斯麻王'이라는 너무도 뚜렷한 글귀가 적혀 있었다. 이를 통해 우리는 이 무덤의 주인공이 사마왕, 즉 무령왕이라는 사실을 알게 되었다.

그동안 수많은 왕릉이 도굴되거나 발굴되었지만 물증을 통해 무덤의 주인공을 확인할 수 있었던 것은 이것이 처음이었다.

무령왕릉은 정말 누군가의 표현대로 백제사의 수수께끼를 풀어 주는 하나의 블랙박스임에 틀림없다. 무령왕의 지석에 새겨진 내용은 『삼국

사기 백제본기』의 정확성을 뒷받침해 주는 증표다. 또 백제 왕실의 장
례 풍속에 대해서도 일부분 알려 준다. 한편 무덤의 양식과 그 안에서
출토된 물품들은 백제 문화의 국제성을 잘 드러내고 있다.

하지만 결과적으로 이 무덤은 너무나 빨리 우리들에게 그 모습을 드
러낸 꼴이 되었다. 그 자체로는 100년에 한번 얻기도 힘든 '세기의 대
발견'을 발굴 실력이 미처 소화해 내질 못했기 때문이다. 그래서 몇 달
이 걸려도 부족할 발굴을 12시간 만에 뚝딱 해치우고 유물을 삽으로
긁어 담는 어이없는 사태가 일어나고 말았던 것이다.

번갯불에 콩 구워 먹듯이 하룻밤에 쓸어 담은 유물은 108종 3,000여
점에 달하였다. 한마디로 1971년 당시 한국 고고학의 수준과 실상을
그대로 드러낸 사건이었다. 김원룡은 후일 이 졸속 발굴에 대해 깊은
반성과 사죄를 하였다. 그나마 이 잘못된 발굴로 인해 이후의 발굴 조
사는 치밀한 계획 아래 진행될 수 있었다.

2년 뒤인 1973년 4월 6일 경주 천마총 발굴이 나름대로 성공할 수
있었던 이유이다.

* **1973년 4월 6일 '천마총 고분 발굴' 참조**

1592년 7월 8일

# 이순신, 한산에서 대승을 거두다

임진왜란 3대 대첩 중의 하나로 꼽히는 한산대첩에서 이순신을 수장으로 하는 조선 수군이 대승리를 거두었다. 1592년 7월 8일의 일이었다.

임진왜란은 4월 14일 고니시를 선봉으로 한 왜군이 부산에 상륙하면서 시작되었다. 조선을 침공한 왜군은 거칠 것 없이 진군하여 20일 만에 한양을 점령하였고, 임금과 조정 중신들은 평양을 거쳐 의주로 피난을 떠났다.

그러나 바다에서는 조선 수군의 활약으로 왜군이 연전연패를 당하고 있었다. 이렇게 되자 왜군은 전선과 병력의 손실이 막대하였고, 서해로 우회하여 한강 보급로를 확보하고자 했던 계획에 차질이 빚어졌다. 결국 나고야 본진의 도요토미 히데요시는 남해·서해 돌파 없이는 침략 전쟁이 성공할 수 없다는 판단 아래 수륙 양면의 총공격을 명령하였다.

왜군의 대단위 함대가 편성되었다. 선봉장인 와키사카 야스하루의 제1진은 70여 척을 거느리고 웅천 방면에서 출동하였고, 중군 구키 요시타카의 제2진은 40여 척을, 제3진의 참모 가토 요시아키도 많은 병선을 이끌고 총공격에 가담하였다.

한편 적의 이런 동태를 감지한 전라좌수사 이순신은 우수사 이억기와 연락하여 출정을 결정하였다. 7월 6일 이억기와 더불어 전선 90여 척을 거느리고 출발하여 노량에서 경상우수사 원균의 함선 7척과 합세하였다.

　7월 7일 당포에 도착, 전열을 가다듬고 있을 때 당포 목동 김천손이 달려와 왜선 대·중·소선 70여 척이 견내량에 들어갔다는 정보를 전하였다. 이순신은 제장들과 밤새 회의를 갖고 한산도 앞바다에서 일전을 치를 작전을 세웠다.

　이순신은 장계狀啓에서 한산해전의 전략을 밝혔다.

"한산도는 거제도와 고성(현 통영) 중간에 있는데 사방으로 헤엄쳐 나갈 길이 없고, 상륙하더라도 굶어죽게 될 것이므로……."

　이튿날 이순신은 판옥선 5, 6척으로 적의 선봉을 급습하게 하였다. 적선이 쫓아오자 아군 함대는 거짓으로 후퇴를 하였다. 기세가 오른 적은 조선 수군을 따라 넓은 바다로 나왔다.

　일순간 방화도와 화도에 매복해 있던 조선의 주력 함대가 나타나고, 도망치던 배가 북을 울리며 뱃길을 돌렸다. 호각을 불면서 학익진鶴翼陣을 펼친 조선 수군은 일제히 왜선을 향하여 돌진하면서 지자·현자·승자총통을 한꺼번에 쏘아 적선을 격파하고 불살랐다.

　왜군은 걷잡을 수 없는 혼란에 빠졌고 물에 빠지고 찔려 죽은 자가 헤아릴 수 없었다. 이때 불사르고 격파한 적선은 66척이나 되었다.

　한산대첩의 승리로 왜 수군의 주력은 완전히 와해되었다. 전라도에 대한 수륙 협공은 완전 실패로 돌아갔고 조선 수군의 남해안 제해권 장악으로 왜군의 병참선은 차단되었다.

　이후 도요토미 히데요시는 절대로 조선 수군과는 해전을 피하도록 엄명을 내렸다.

* 1592년 3월 27일 '이순신, 거북선을 진수하다' 참조

* 1592년 4월 14일 '임진왜란이 시작되다' 참조

* 1592년 5월 7일 '이순신, 옥포 해전에서 첫 승전보' 참조

* 1592년 5월 29일 '거북선, 사천해전에서 첫 참전' 참조

* 1968년 4월 27일 '충무공 이순신 장군의 동상이 건립되다' 참조

—

1994년 7월 8일

# 김일성 주석이 사망하다

—

조국 통일은 누가 누구를 먹거나 먹히지 않는 원칙에서 하나의 민족, 하나의 국가, 두 개의 제도, 두 개의 정부에 기초한 방식으로 실현되어야 합니다.

-김일성, 1991년 신년사

김일성은 1912년 4월 15일 평안남도 대동군 고평면 남리에서 태어났다. 본명은 김성주金成柱이다. 어려서 그는 만주로 이주하여 길림吉林에 있는 육문중학에 다녔다. 그는 재학 중에 타도제국주의동맹·반제청년동맹·공산주의청년동맹 등을 조직하고 1929년에는 만주지구 공산주의청년동맹 서기로 활동하였다. 하지만 그해 10월 일본 관헌에 체포되어 길림 감옥에서 6개월간 복역하였다.

그 후 소련에서 특무공작요원 훈련을 받고 1945년에 소련군 소좌로 임명되었다. 8·15 광복이 되자 소련군의 힘을 등에 업고 평양으로 들어온 그는 곧 소련군 소령으로 진급하였다. 그해 10월 14일 소련군 사령관 로마넨코 소장이 평양 시민들 앞에서 '김일성 장군'이라고 그를 소개

한 뒤부터 김일성이라는 이름을 사용하였다.

이후 그는 조선공산당을 장악하고 남조선노동당을 비롯한 반대파를 모두 숙청하면서 권력 체계를 확립하였다. 1949년 9월에는 조선민주주의인민공화국을 수립하고 내각수상으로 선출되어 1당 독재 체제를 구축하였다.

1950년 6월 25일에는 군사위원회위원장과 인민군 최고사령관으로 한국전쟁을 일으켰다. 그리고 1972년 12월에 조선사회주의 헌법을 채택하여 국가주석으로 추대되었다. 김일성은 이를 통해 수령 중심의 권력 체제를 확립, 모든 권력이 주석인 자신에게 집중되도록 하였다. 1974년 2월에는 김정일을 자신의 후계자로 추대하였고, 1980년 10월 6차 당 대회를 통해 김정일을 군사위원회 위원, 비서국 비서 등으로 선출하면서 후계자로서의 지위를 공식화하였다.

이후 1990년대 초에 사회주의 체제가 몰락하자 국방위원회를 신설하여 아들인 김정일을 국방위원장에 맡기고 군을 전면에 내세우는 군 중시 체제로 전환하였다. 또한 1991년 9월에는 유엔에 가입함으로써 국제적으로 안전보장을 확보하였다.

1992년에 김일성은 개혁과 개방 정책을 추진해 무역 시장을 활성화하려 하였다. 나진과 선봉에 무역 지구를 열어 일본, 미국과의 무역을 허용하였고, 신의주를 통해 중국 및 몽골, 중앙아시아와의 무역을 공식 허용하였다. 이러한 입장 변화로 1990년대 초반 김일성은 노벨 평화상의 예비 후보로 언급되기도 하였다.

하지만 1994년 7월 8일 2시에 김일성은 심근경색증으로 갑작스럽게 사망하였다. 정확한 사인은 '심근경색으로 인한 심장 발작'이었다.

김일성의 사망 소식은 남한에도 적잖은 충격을 주었다. 7월 25일에

평양에서 우리나라의 김영삼 대통령과 김일성 주석이 분단 이후 처음
으로 정상회담을 갖기로 합의하고 세부사항을 협의하고 있던 터였기
때문이었다. 분단과 대립의 결정적 책임자인 그가 남한 정상과의 대화
를 통해 비극을 완화시키고, 통일 준비를 위한 실마리를 제공할 수 있
었던 기회가 무산된 것이었다.

7월 19일 국장으로 그의 장례식이 거행되었고, 시신은 금수산 기념
궁전에 안치되었다. 1997년 7월 만 3년상을 탈상한 후 북한은 김일성
이 출생한 1912년을 원년元年으로 하는 '주체' 연호를 쓰게 하고 생일날
인 4월 15일을 태양절로 정하였다.

이후 김정일이 북한의 모든 권력을 세습하였으나 그 또한 2011년 12
월 17일 자강도로 현지 시찰을 나갔다가 뇌 혈전으로 사망하였다.

2012년 현재 갑작스럽게 사망한 김정일에 이어 아들 김정은이 북한
의 권력을 승계한 상태이다.

* 1950년 6월 25일 '한국전쟁이 발발하다' 참조
* 2011년 12월 17일 '김정일이 사망하다' 참조

---

881년 7월 8일

# 신라의 최치원, 「토황소격문」을 짓다

---

夫守正修常曰道 臨危制變曰權 智者成之於順時 愚者敗之於逆理

무릇 올바름을 지키고 떳떳함을 닦는 것을 도라 하고, 위태로움에 임해서
임기응변을 만드는 것을 권이라 한다. 지혜로운 사람은 때에 순종하는 데

서 성공하고, 어리석은 자는 이치에 거슬러서 패하게 된다.

-최치원, 「토황소격문」

최치원은 신라 47대 헌안왕 원년인 857년에 태어났다. 그의 집안은 대대로 문장과 학문으로 이름을 떨쳤으나 6두품 출신이라는 한계가 있었다. 엄격한 골품제 사회였던 신라에서 6두품은 아무리 능력이 뛰어나도 높은 벼슬에는 오를 수 없었다.

골품제라는 한계 속에서 자신의 역량을 마음껏 발휘하지 못했던 6두품들은 당나라 유학의 길을 많이 선택하였다. 최치원 또한 경문왕 8년(868) 12세의 어린 나이에 당나라로 건너갔다. 그리고 17세에 과거에 급제하여 벼슬길에 들어섰다.

그때 마침 소금 장수 출신인 조주 사람 황소가 왕선지의 난에 가담하였다가 스스로 제국을 세워 왕이 되었다. 이른바 '황소의 난'이 일어났던 것이다. 반란의 무리들은 세력을 키워 880년에는 뤄양과 창안 등을 함락시켰다. 이에 당 희종은 쓰촨으로 망명하였다.

881년 최치원은 토벌 총사령관인 고변의 종사관으로 난의 평정을 위하여 종군하게 되었다. 이때 그는 「토황소격문討黃巢檄文」을 짓고 황소에게 보내 투항을 권유하였다. 881년 7월 8일의 일이었다. 글을 본 황소는 낙담하여 침상에서 떨어져 죽었다.

이 일을 계기로 최치원은 중국에서도 이름난 문장가로 알려졌다. 이후 최치원은 신라로 귀국했으며, 헌강왕은 그를 당에 보내는 외교 문서 등을 작성하는 시독으로 등용하였다.

최치원은 894년에 신라의 개혁을 위해 진성여왕에게 10여 조의 시무책時務策을 제시하였으나 중앙 귀족의 반발로 실현되지 못하였다. 이에 실망한 최치원은 신라 말기의 혼란 속에서 은둔 생활로 삶을 마쳤다.

최치원이 남긴 저술로는『제왕연대력』『석순응전』『중산복궤집』『사
륙집』『계원필경』등이 있다.

—

**1967년 7월 8일**

# 중앙정보부,
# 동베를린 거점 북한 대남 공작단 사건 발표

—

1967년 7월 8일 중앙정보부는 동독의 수도 동베를린을 거점으로 한
북괴 대남적화 공작단 사건(일명 동백림 사건)을 포착했으며, 194명에
달하는 사건 관련자 중 107명을 입건 또는 구속 수사 중이라고 발표하
였다.

유럽에 유학했거나 유학 중인 대학교수와 유학생 등 지식인들이 동
베를린 주재 북한 공작단에 포섭되어 1958년부터 1967년 사이에 평양
에서 북한노동당에 입당한 뒤 거액의 공작금을 받고 이적 활동을 해왔
다는 것이었다.

피고인 34명은 모두 유죄판결을 받았으나 1970년 12월 25일 크리
스마스 특사로 모든 혐의자가 풀려남으로써 공식적으로 사건이 종결
되었다. 당시 서독과 프랑스 정부로부터 혐의자 납치로 주권을 침해했
다는 항의를 받자 서둘러 종결시킨 것이다.

하지만 2006년 1월 26일 '국정원 과거사건 진실 규명을 통한 발전위
원회'는 이 사건이 확대·과장되었다고 발표했다. 당시 박정희 정부가
단순 대북 접촉과 동조 행위에 국가보안법과 형법상의 간첩죄를 무리

하게 적용하였다는 것이다.

—
**1977년 7월 8일**

# 애국가를 작곡한 안익태, 국립묘지에 묻히다
—

1977년 7월 8일 우리나라의 국가인 「애국가」 작곡자 안익태가 국립 묘지에 안장되었다. 1965년 스페인의 바르셀로나에서 사망한 지 12년 만이었다.

안익태는 미국 샌프란시스코의 한인 교회에서 스코틀랜드 민요인 「올드 랭 사인」 곡조에 맞춰 애국가를 부르는 것을 본 순간, 빼앗긴 조국을 회상하며 「애국가」를 작곡하리라는 결심을 하였다.

이후 1936년 오스트리아 빈에서 리하르트 슈트라우스에게 지휘를 배우고 있을 때 애국가를 작곡하였다.

「애국가」는 미완성인 「한국환상곡」 제3부에 사용되었다. 그는 대표적인 작품인 「한국환상곡」을 1950년 한국전쟁 이후 제4부를 추가하여 완성하였다.

* 1965년 9월 16일 '애국가 작곡가 안익태, 스페인에서 사망' 참조

7월의
모든 역사

# 7월 9일

660년 7월 9일

# 백제의 계백 장군,
# 신라와의 황산벌 전투에서 전사하다

"한 나라의 힘으로 당과 신라의 대군을 당하자니, 나라의 존망을 알 수 없도다. 나의 처자가 붙잡혀 노비가 될지도 모르니, 살아서 치욕을 당하는 것보다 차라리 깨끗이 죽는 편이 낫겠다."

-『삼국사기』

서기 660년 여름, 당나라의 소정방은 13만 명의 대군을 거느리고 서해를 건너 해일처럼 백제를 강타하였다. 이와 동시에 신라의 김유신은 5만 명의 병력을 이끌고 탄현을 넘어 백제로 쳐들어갔다.

백제 말기의 충신으로 명성이 높은 성충과 흥수는 백강과 탄현에서 적을 막아야 한다고 의자왕에게 누차 충고했으나 무시되었다. 그러나 막상 백강과 탄현이 뚫리고 나자 의자왕은 상황의 위급함을 눈치 채고 당황하였다. 그는 좌평 충상과 달솔 계백에게 5,000명의 결사대를 주어 황산으로 달려가 신라군을 대적토록 하였다.

달솔은 관등상으로는 좌평보다 낮지만 5,000명 결사대의 실질적 지휘관은 계백이었다. 의자왕으로부터 출전을 명령받은 계백은 황산벌 싸움이 백제의 운명을 결정하는 싸움이 되리라고 보았다. 자신이 패하면 백제는 그 길로 멸망하고 아내와 자식들은 적군에게 사로잡혀 노비가 되는 것이었다.

생각이 여기에 미치자 계백은 살아서 치욕을 당하느니 차라리 깨끗하게 죽는 게 낫다며 자기의 처자를 모두 죽였다. 사실 계백은 이번 싸움에서 승산이 없다는 것을 너무도 잘 알았던 것이다.

그런데 조선시대의 학자들은 계백이 처자식을 죽인 것을 놓고 찬반양론이 팽팽하였다. 조선 초의 성리학자 권근은 그의 행동이 도의에 어긋나고 너무 잔인하며 게다가 먼저 사기를 떨어뜨려 싸우기도 전에 굴복한 것이라고 거세게 비판하였다.

하지만 조선 후기의 안정복은 계백이 내 집과 내 몸을 잊고 죽을 결심으로 싸우겠다는 의지를 표출한 것이라며 그를 칭찬하였다. 권근의 비판은 계백도 모르고 병법도 모르는 데서 기인한다는 것이었다.

계백이 처자식을 손수 베었다는 소식에 백제군은 모두가 비장한 마음이 되었다. 계백은 서둘러 결사대를 이끌고 황산벌로 떠났다. 그곳에 도착하자 그는 세 개의 산성을 연결하는 군영을 설치하였다. 눈앞의 신라군과 싸움을 앞두고 계백은 병사들에게 큰 소리로 외쳤다.

"옛날 월왕 구천은 5,000명의 군사로 오나라의 70만 대군을 격파하였다. 오늘 우리는 각자 힘껏 싸워 반드시 승리해 나라의 은혜에 보답하자."

이 말에 계백의 결사대는 사기가 하늘을 찔렀다. 군대에서 병사들의 사기는 그 숫자보다도 훨씬 중요한 법이다. 계백은 그 점에서 일단은 성공하였다.

신라군은 병력을 세 길로 나누어 먼저 백제군을 공격했지만 번번이 실패하였다. 백제 결사대의 저항이 너무나 완강했던 것이다. 이렇게 되자 신라군은 군사만 많았지 몸도 지치고 사기가 떨어져 갔다. 이때 신라가 돌파구로 사용한 것이 어린 화랑의 희생이었다.

먼저 장군 흠춘이 아들 반굴을 적진으로 내몰았다. 반굴이 적진에서 죽었지만 침체된 분위기는 계속되었다. 이번에는 품일이 아들 관창을 보냈다. 관창의 목이 말안장에 매달려 오자 이를 본 신라군은 격분하여 결사대를 향해 죽기 살기로 공격을 가해 왔다.

잘 버티던 계백의 결사대였지만 여기에는 속수무책으로 무너졌다. 좌평 충상과 상영 등 20여 명의 고관들은 항복을 택했지만 계백은 끝까지 싸우다 장렬하게 전사하였다. 660년 7월 9일의 일이었다.

황산벌 싸움의 패배로 백제의 운명은 사실상 결정되었다. 그러나 계백처럼 마지막까지 자신의 몸을 불살라 준 인물이 있었다는 사실에 백제의 최후는 그리 쓸쓸해 보이지 않는다.

한편 계백은 우리에게 이름이 알려진 정도에 비해선 그 기록이 무척이나 빈약하다. 『삼국사기』 열전에도 계백의 이야기가 실려 있으나 겨우 몇 줄에 그치고 있다. 그의 성이 무엇이고 언제 어디서 태어났는지도 잘 알 수가 없다.

다만 고종 2년 김정호가 지은 『대동지지』에 '계백 명승 백제동성階伯 名升 百濟同姓'(계백의 이름은 '승'이며 백제와 동성이다)이라는 기록이 나와 있어 성을 추측하는 데에 약간의 도움이 된다.

여기서 '백제동성'은 백제 왕실과 같은 성이라는 뜻으로 해석이 가능한데, 그렇다면 본래 부여 씨에서 계백 씨로 따로 독립하였다는 의미가 된다. 문제는 고대 사서에서 이름을 생략하고 단순히 성만 적는 경우란 거의 없다는 점이다.

**\* 660년 7월 19일 '백제가 멸망하다' 참조**

**1966년 7월 9일**

# 한미 행정 협정 조인

1966년 7월 9일 우리나라의 이동원 외무부 장관과 미국의 러스크 국무장관이 한미 행정 협정SOFA에 서명하였다.

SOFA는 'Status of Forces Agreement'의 약어로서, 정식 명칭은 '대한민국과 미국 간의 상호방위조약 제4조에 의한 시설과 구역 및 대한민국에서의 군대의 지위에 관한 협정'이다. 즉 주한 미군의 지위에 관한 두 나라의 합의 사항을 담은 협정이라는 의미이다.

SOFA는 전문과 31조로 된 본문 그리고 합의 의사록, 합의 양해 사항, 교환 서한 등 3개 부속문서로 구성되어 있다. 내용 가운데 특히 형사재판권을 규정한 내용이 큰 논란을 일으켰다. 주한 미군의 구성원이나 가족이 저지른 범죄가 우리나라 법령으로 처벌할 수 없는 것일 경우 미국이 재판권을 행사할 권리를 가진다고 규정한 것이다. 이는 우리나라가 미군에 대한 재판권을 사실상 포기한 부분이다.

이 형사재판권을 둘러싸고 미국의 우리나라에 대한 주권 침해라는 여론이 높자 우리 정부 측의 문제 제기로 1988년 12월부터 한미 양국이 개정 작업에 들어갔다. 그래서 1991년 1월 형사재판권과 관련, 재판권 자동 포기 조항을 삭제하는 등 8개 조항을 개정하였다.

하지만 '양국 법률에 의해 모두 처벌할 수 있는 범죄에 대해서 미국이 1차적인 재판권을 가지며, 한국이 미국에 재판권 포기를 요청하면 그에 대해 호의적으로 고려한다'는 조항은 남겨둠으로써 여전히 불합리한 조항을 남겨 두었다.

이에 정부는 2002년 여중생 2명이 미군 장갑차에 치여 사망한 '효순·미선 사건' 때 처음으로 미국에 재판권 포기를 요청했지만 거절당하였다. 미국이 미군의 공무 중 범죄에 대한 재판권을 포기한 적이 없다는 것이 이유였다. 결국 가해자인 미군 병사는 미국법에 의해 무죄를 선고받았다.

힘의 논리에 의해 협정이 맺어졌기에 아직도 SOFA 개정은 요원한 상태이다.

* 1967년 2월 9일 '한미 행정 협정 발효' 참조
* 1991년 1월 4일 '주한미군지위협정 1차 개정' 참조

* 2002년 6월 13일 '여중생 2명, 미 장갑차에 치여 사망하다' 참조

1592년 7월 9일

# 의병장 고경명 세상을 떠나다

1592년 7월 9일 문신 의병대장 고경명이 금산에서 왜군과 싸우다가 작은아들 인후와 함께 전사하였다.

그는 1591년 동래부사로 있을 때 서인이 실각하자 사직하고 낙향하였다. 1592년 임진왜란이 일어나자 광주에서 유팽로 등과 의병을 일으켜 대장에 추대되었다.

왜군이 금산에 들어오자 의병 6,000여 명을 이끌고 왜군과 싸워 적에게 큰 타격을 입혔으나 문관 출신으로 병술에 서툰 나머지 그만 전사하고 말았다.

그 후 부친의 원수를 갚고자 의병을 일으킨 맏아들 종후마저 진주성 싸움에서 전사하고 말았다.

* 1592년 4월 14일 '임진왜란이 시작되다' 참조

7월의
모든 역사

# 7월 10일

■
·
■

1986년 7월 10일

# 월북 소설가 박태원이 세상을 떠나다

그러한 소년의 눈에, 천변을 오고 가는 모든 사람들이, 그 모두가
한결같이 잘나만 보이는 것도 또한 어찌할 수 없는 일이 아니냐. 임
바네쓰 입은 민 주사며, 중산모 쓴 포목전 주인이며, 인력거 우에
날아갈 듯이 앉아 있는 취옥이며, 그러한 모든 사람은 이를 것도 없
거니와 다리 밑에 모여서들 지껄대고, 툭 치고, 아무렇게나 거적 위
에 가 뒹굴고 그러는 깍정이떼들도, 이곳이 결코 시골이 아니라 서
울일진댄, 그것들은 그만큼 행복일 수 있지 않느냐.

-박태원, 『천변풍경』

미국의 유명한 민요 「클레멘타인」은 우리에게도 잘 알려져 있다.

넓고 넓은 바닷가에 오막살이 집 한 채. 고기 잡는 아버지와 철모르는 딸
있네. 내 사랑아 내 사랑아 나의 사랑 클레멘타인. 늙은 아비 혼자 두고 영
영 어디 갔느냐.

본래 「클레멘타인」은 '포티나이너forty-niner'들의 슬픔과 눈물이 담긴 노
래였다. 포티나이너란 미국의 골드러시 시대에 황금을 캐기 위해 캘리
포니아로 몰려들던 사람을 말한다.

우리나라에 이 노래가 전해진 것은 3 · 1 운동 직후로서 나중에 박태
원이 우리 정서에 맞춰 가사를 바꾸었다. 당시 나라를 잃어 슬픔에 빠
져 있는 우리 국민들 사이에 이 노래는 금방 퍼져나갔다.

「클레멘타인」의 가사를 우리의 정서에 맞게 바꾼 박태원은 본래 소
설가로 한 시절을 풍미했던 인물이다. 그러나 남북이 분단되면서 그의
이름은 우리에게는 잊혀진 존재였다. 월북 작가에 대한 햇볕은 우리 사
회에서 좀처럼 허용되지 않았기 때문이다.

그래서 홍길동이 형을 형이라, 아버지를 아버지라 부르지 못하듯 그
의 이름은 늘 박X원, 박O원처럼 무슨 암호 쓰듯 해야만 하였다. 이는
그렇게 놀랄 만한 일이 아니다.

국민들의 애독서였던 조정래의 『태백산맥』이 10여 년이 넘도록 검열
의 올가미를 쓰고 있던 것이 불과 얼마 전이었다.

박태원은 1909년 1월에 청계천변에 위치한 경성부 다옥정에서 태어
났다. 그는 1929년 도쿄의 호세이 대학을 중퇴한 뒤 이듬해 월간 잡지
『신생』에 단편 「수염」을 발표하면서 작가의 길로 들어섰다. 1933년 이

후에는 이태준, 이효석 등과 함께 구인회에 참여하여 주요 멤버로 활약
하였다.

그는 문학의 매개물인 언어에 일찌감치 눈을 떠 문장의 기교와 작품
의 형식에 많은 관심을 기울였다. 그것은 글 속에 광고와 전단 등을 삽
입하거나, 중간 제목을 강조하는 등의 과감한 실험으로 나타났다. 특히
콤마를 이용해 쓴 장문의 글을 통해 박태원의 실험 정신은 절정에 이른
다. 소설 「방란장 주인」이 그것인데, 이는 무려 5,558자가 사용된 글을
단 하나의 문장으로 완성시켰다.

1934년 여름 어느 날, 박태원은 오후에 집을 나서 새벽녘까지 서울
시내를 돌아다녔다. 그는 그 과정에서 목격한 광경들을 1934년 8월 1
일부터 9월 11일까지 「조선중앙일보」에 소설로 연재하였다. 그것이 바
로 「소설가 구보씨의 일일」이라는 소설이다. 1930년대 나약한 지식인
의 일상사를 엿볼 수 있는 작품으로 발표 직후 새로운 형식의 소설이란
평가를 받았다.

박태원의 작가적 생명은 기교라고 하듯이 그는 이 소설에서 그 실력
을 유감없이 발휘하였다. 박태원은 그 스스로 "문체나 형식 등에 있어
서 가히 조선 문학에 새로운 경지를 개척하였다."고 할 만큼 자부심이
대단하였다. 1969년 최인훈은 이 소설을 패러디하여 연작으로 발표하
기도 한다.

소설가로서 박태원의 주가를 높여 준 것은 무엇보다도 1936년에 발
표된 장편소설 『천변풍경』이다. 이 작품은 청계천을 중심으로 모여 사
는 서민들의 삶의 애환을 마치 카메라로 찍어 내듯이 생생하게 그리고
있다. 즉 주색잡기에만 몰두하는 부자부터 한약방 주인, 포목점 주인,
카페여급 등등 소설 속에 등장하는 각종 인물들의 삶은 1930년대 서울

서민들의 풍속을 잘 보여 준다.

한마디로 『천변풍경』은 리얼리즘의 진수를 제대로 보여 주는 명작이다. 이런 점에서 박태원에게 청계천은 단순히 태어나고 자란 곳을 넘어 문학적 살과 뼈를 붙여 준 고향이라 할 수 있다.

박태원은 해방 후 자신에게 많은 도움을 준 이태준의 영향으로 좌파 계열인 조선문학가동맹朝鮮文學家同盟에서 활동하였다. 그러다가 한국전쟁 때 월북하여 평양문학대학 교수로 근무하였다.

그는 1934년에 김정애와 결혼하여 2남 3녀를 두었는데, 둘째 딸의 아들이 바로 「살인의 추억」을 연출한 영화감독 봉준호이다. 박태원은 1959년 한 잡지에 이들 남쪽 가족을 그리워하는 글을 쓰기도 하였다.

북한으로 넘어간 뒤 그는 실명과 뇌출혈 등으로 고생하면서도 창작을 멈추지 않았다. 북한에서 결혼한 아내 권영희가 그의 구술을 받아 적는 방법으로 역사소설 『갑오농민전쟁』 1 · 2부가 나왔다. 이는 이기영의 『두만강』과 더불어 북한 역사소설의 백미로 꼽힌다.

박태원의 병이 악화되어 구술할 능력마저 상실하자, 아내 권영희는 자신이 남편 대신 직접 3부를 쓰기로 하였다. 그녀가 고생 끝에 1986년 3부를 완성했지만 박태원은 끝내 출판을 지켜보지 못하고 그해 7월 10일 눈을 감았다.

그의 시신은 평양 신미리 애국열사릉에 안장되었고, 2002년 4월에는 북한에서 조국통일상을 받았다.

그의 대표작으로는 단편소설 「딱한 사람들」 「전말」 「비량」 「진통」 「성탄제」, 중편소설 『소설가 구보씨의 일일』, 장편소설 『천변풍경』 등이 있다.

## 2009년 7월 10일

# 노무현 전 대통령 안장식 거행

2009년 7월 10일 노무현 전 대통령의 유해 안장식이 경남 김해시 진영읍 봉하마을에서 열렸다. 그의 유해는 사저 옆 묘역으로 봉송되었다. 고인을 영원한 안식처로 모시는 안장식을 끝으로 노무현 대통령에 대한 국민장은 마무리되었다.

서울 덕수궁 대한문 앞에서도 시민 500여 명이 모여 노무현 전 대통령을 기리는 49재 행사가 열렸다.

노무현은 2003년 2월 25일에 제16대 대통령으로 취임하였다. 그는 이듬해인 2004년 3월, 국회가 통과시킨 탄핵소추로 인해 한동안 국무가 정지되기도 하였다.

그는 재임 기간 동안 친인척의 비리를 경계하여 인명부를 작성하는 등 친인척 비리를 근절하려고 힘썼으나 가족의 금품 수수 건으로 검찰 소환 조사를 받게 되었다.

이에 부담감을 느낀 노무현은 2009년 5월 23일 오전 6시 40분께 자신의 고향인 봉화마을 봉화산 부엉이 바위에서 투신하였다.

* 2003년 2월 25일 '노무현, 제16대 대통령 취임' 참조
* 2004년 5월 14일 '헌법재판소, 노무현 대통령 탄핵소추안을 기각하다' 참조
* 2009년 5월 23일 '노무현 전 대통령 서거' 참조

—

1951년 7월 10일

## 한국전쟁 휴전회담 본회의, 개성에서 개최

—

1950년 7월 8일 유엔군과 북한군 간에 한국전쟁 휴전회담을 위한 예비회담이 열렸다. 이어 7월 10일 본회담이 개성에서 개최되었다.

회담에서는 비무장 지대 설치를 위한 군사 경계선 설정 문제, 휴전 실시를 위한 감시 기관 구성 문제, 포로 교환 문제 등이 논의되었다.

이후 1953년 7월 27일 오전 10시, 판문점에서 국제연합군 사령관을 일방으로 하고 조선인민군 총사령관 및 중국인민지원군 사령원을 다른 일방으로 하는 '한국(조선) 군사정전 협정'이라는 이름을 가진 휴전 협정이 조인되었다.

휴전 협정에서 우리나라는 당사국이 되지 못하였다.

* 1950년 6월 25일 '한국전쟁이 발발하다' 참조
* 1953년 7월 27일 '한국전쟁이 휴전에 들어가다' 참조

—

1907년 7월 10일

## 우리나라 최초의 노동 야학, 마산에 설립

—

1907년 7월 10일 마산에 우리나라 최초의 노동 야학이 설립되어 문맹자들을 가르치는 교육의 장이 되었다.

야학은 주로 일제강점기 공립보통학교를 다닐 수 없었던 노동자 · 농

민 · 도시 빈민들을 위해 설립되어 초등 교육 기관으로서의 역할을 담당하였다.

이후 야학은 문맹을 퇴치해야만 일제의 치욕에서 벗어날 수 있다고 생각한 애국지사들의 노력으로 1910년 경술국치 이후에 전국 각지에 설립되었다.

애국지사들은 야학뿐만 아니라 신문과 잡지를 통해서도 애국심을 고취시키고 문맹 퇴치를 위해 노력하였다.

7월의
모든 역사

# 7월 11일

.
.
.

1876년 7월 11일

# 백범 김구가 태어나다

나는 우리나라가 세계에서 가장 아름다운 나라가 되기를 원한다.
가장 부강한 나라가 되기를 원하는 것은 아니다. 내가 남의 침략에
가슴이 아팠으니, 내 나라가 남을 침략하는 것을 원치 아니한다. 우
리의 부력은 우리의 생활을 풍족히 할 만하고, 우리의 강력强力은 남
의 침략을 막을 만하면 족하다. 오직 한없이 가지고 싶은 것은 높은
문화의 힘이다. 문화의 힘은 우리 자신을 행복하게 하고, 니아가서
남에게 행복을 주기 때문이다.

-김구,『백범일지』

  1996년 10월 23일, 시내버스 기사로 근무하던 박기서가 백범 김구의 암살범인 안두희를 살해하였다. 그는 권중희의 『역사의 심판에는 시효가 없다』라는 책을 읽고 "역사를 바로 잡기 위해 안씨를 처단하였다."고 당당히 밝혔다.

  안두희를 살해하는 데 사용한 방망이에도 '정의봉'이라는 글자가 새겨져 있었다. 그는 나중에 아들이 크면 백범의 암살범을 죽인 자신을 자랑스런 아버지로 여길 것이라고 확신하였다. 그만큼 안두희의 살해는 의로운 일이었다는 자부심이었다.

  이 사건은 '공권력'이 정의를 외면하면 언제든 '개인적 응징'이 나타날 수 있다는 중요한 교훈을 던졌다.

  김구의 본명은 김창수로, 1876년 7월 11일 황해도 해주 텃골에서 김순영과 곽낙원 사이에 태어났다. 김구의 가문은 본래 양반이었는데, 효종 때 김자점이 반역죄를 저지르는 바람에 해주로 도망해 상놈으로 위장하였다. 그 때문에 김구는 어려서 동네 양반들의 노골적인 무시와 괄시 속에서 자랐다.

  그는 15세 때부터 본격적으로 서당을 다니며 한학을 배웠다. 그리고 2년 뒤 과거를 치렀으나 낙방하였다. 이때 벼슬자리를 사고파는 부패를 목격하고 환멸을 느낀 끝에 서당을 그만두었다. 그 후 방구석에 틀어박혀 관상 공부를 하다가 자기 얼굴을 거울로 보고 크게 실망하였다.

  그러나 중국 전래의 비서秘書인 『마의상서麻衣相書』에 나온 '얼굴보다는 몸이, 몸보다는 마음이 좋은 게 더 낫다'라는 구절에 용기를 얻어 마음 좋은 사람이 되기로 결심하였다.

  김구는 18세 때인 1893년에 동학과 인연을 맺었다. 이듬해 농민전쟁이 일어나자 팔봉접주가 되어 해주성을 공격했으나 실패하였다. 이때

구월산에 피신했다가 안중근의 아버지 안태훈의 집에 은거하며 유학자 고능선을 만나 많은 것을 배웠다.

이어 김구는 만주로 떠났다가 1896년 황해도 안악으로 내려오는 길에 일본 육군중위 쓰치다를 만나 그를 살해하였다. 이로써 왜놈들의 명성황후 살해로 인해 가슴 사무쳤던 원한을 웬만큼 풀어 낼 수 있었다.

이 사건으로 김구는 얼마 뒤 체포되어 사형선고를 받게 되지만, 고종의 특사로 간신히 사형을 면하였다. 그러나 일본의 압력으로 석방에 제동이 걸리자 김구는 탈옥하여 공주 마곡사로 달아났다.

그 후 일선에서 교육을 통한 계몽 사업을 펼치던 김구는 1911년 테라우치 총독의 암살을 모의했다는 '안명근 사건'에 연루되어 징역 17년을 선고받았다. 이때 서대문 형무소로 아들 김구를 면회 온 곽낙원의 격려가 자못 감동적이다.

"네가 의로운 일을 하다가 감옥에 가게 되었으니 경기감사가 된 것보다 더 장하고 기쁘다."

율곡의 뒤에 신사임당이 있었다면 김구의 뒤에는 바로 곽낙원이 있었다. 김구는 이곳 형무소에서 이름을 구九로 바꾸고 호를 백범白凡이라 하였다. 백범이란 가장 천하다는 백정이나 무식하다는 범부까지도 모두 애국심을 가져야 한다는 뜻이었다.

1914년 감형과 가석방으로 자유의 몸이 되자 김구는 농촌 부흥에 앞장섰다. 그러다가 1919년 3·1 운동이 일어나자 상해로 망명하여 임시정부의 초대 경무국장을 맡았다.

1926년에는 한인애국단을 조직하여 항일투쟁을 강화하고, 1928년에는 이시영·이동녕 등과 한국독립당을 창당하였다. 바로 이듬해에 벌어지는 이봉창과 윤봉길의 쾌거는 모두 김구의 기획 작품이었다. 상황이 이렇다 보니 일본은 김구에게 현상금 60만 엔을 걸고 그를 잡느라 혈안이 되었다.

1937년 중일전쟁이 일어나자 임시정부는 장사로 옮겨갔다. 여기서 김구는 여러 갈래로 찢어진 정당들을 통합하려다가 이운한이라는 자에게 총을 맞기도 하였다.

1939년 중일전쟁이 더욱 치열해지자 임시정부는 이곳저곳을 전전하다가 충칭에 정착하였다. 김구는 이곳에서 개정된 헌법을 통해 주석직에 오르고 통합된 한국독립당의 당수가 되었다. 광복군이 창설된 것도 이 무렵이었다.

1941년 태평양전쟁이 일어나자 김구는 임시정부의 이름으로 일본에 선전포고를 하고, 연합국의 일원으로 국내 진공 작전을 벌였다. 그러나 그 계획이 실현되기도 전에 광복이 찾아와 동지들과 함께 국내로 들어왔다.

그해 12월 모스크바 3상 회의에서 신탁통치안을 발표하자 나라 안은 그야말로 벌집을 쑤셔놓은 듯하였다. 이에 김구는 70세 노구를 돌보지 않고 반탁 운동을 이끌었다.

1947년 유엔총회는 유엔 감시하의 남북 총선거에 의한 정부 수립을 결의하였다. 그러나 북한이 이를 거부하자 남한 지역만의 단독 선거로 결정이 바뀌었다. 김구는 이것이 영구 분단의 지름길이라며 평양까지 찾아가 김일성 등을 만났지만 소득이 없었다.

결국 1948년 이승만을 수반으로 하는 단독 정부가 남한에 세워지지만 김구는 참여하지 않았다. 그는 재야에 남아 계속적으로 통일 운동을 펼치다가 1949년 6월 26일 안두희가 쏜 네 발의 총탄을 맞고 그 자리에서 사망하였다.

왜놈도 결코 죽이지 못했다는 노老혁명가는 이렇게 믿었던 동족의 손에 의해 쓰러지고 말았다. 독립과 통일에 평생을 바친 김구의 삶은 오늘날 그를 남북 양쪽에서 존경하는 유일한 인물로 만들었다.

* 1932년 1월 8일 '이봉창, 일왕에게 수류탄을 던지다' 참조
* 1947년 6월 24일 '김구, 신탁통치 반대 운동 전개' 참조
* 1948년 2월 10일 '김구, 남한 단독 정부 수립 반대 성명' 참조
* 1949년 6월 26일 '김구, 경교장에서 암살당하다' 참조
* 1992년 4월 12일 '백범 김구 암살범 안두희, 암살 배후 폭로' 참조

—
2009년 7월 11일

# 여성 산악인 고미영, 히말라야 하산 도중 사망
—

2009년 7월 11일 히말라야 낭가파르바트 정상에 오른 여성 산악인 고미영이 하산 도중에 실족해 사망하였다.

고미영은 1967년 전라북도 부안에서 태어났다. 그녀는 1991년 산악에 입문하였고, 2005년 6,047m 높이의 파키스탄 드리피카 등정을 계기로 높은 산에 본격적으로 도전하였다.

2006년 10월에는 8,020m 히말라야 초오유 등정에 성공하고 나서 이듬해 5월에는 히말라야 최고봉인 에베레스트를 정복하였다. 2007년에는 여성 산악인 최초로 8,000m급 봉우리 3개를 연속 등정하는 기록도

세웠다.

이후 고미영은 국내 여성 산악인 오은선과 세계 최초 14좌 여성 등정을 놓고 치열한 경쟁을 벌여왔다. 이날도 세계에서 9번째로 높은 해발 8,126m의 낭가파르바트까지 오르면서 히말라야 8,000m 이상 고봉 14개 봉 가운데 11개 등정에 성공하였다.

하지만 고미영은 낭가파르바트 정상에 오른 뒤 하산하다가 실족해 1,500여m를 굴러 떨어졌고, 머리 쪽에 심한 출혈을 당하였다.

그녀가 추락한 곳은 '칼날 능선'으로 불리는 곳이다. 평소 눈사태와 낙석이 많아 대원들끼리 로프조차 사용할 수 없을 정도로 험한 곳으로 알려진 곳이었다.

7월의
모든 역사

# 7월 12일

■
·
■

—

1498년 7월 12일

# 무오사화가 일어나다

—

"지금 내가 잡혀가는 것이 과연 사초史草에서 일어났다면 반드시 큰 옥獄이 일어날 것이오."

-김일손, 금부도사가 체포하러 오자 남긴 말

조선 성종은 즉위하면서 신진 세력인 김종직을 중심으로 한 사림파를 등용하기 시작하였다. 그들은 언론을 담당한 사헌부 · 사간원 · 홍문관, 즉 3사三司에서 은연한 세력을 갖게 되었다.

그러자 종래의 벌족閥族인 훈구파를 무시하기에 이르렀고, 또 훈구파는 새로 등장한 사림파를 야생귀족이라 하여 업신여기게 되니, 이 두 파는 주의와 사상이 서로 달라 배격과 반목이 그치지 않았다.

이러한 상태에서 김종직의 제자 김일손이 춘추관의 사관史官으로서 훈구파 이극돈의 비행과 세조의 찬탈을 사초에 기록하였다. 이 일로 김일손과 이극돈 사이에는 반목이 생기게 되었다. 사초史草란 사관이 기록하여 둔 사기史記의 초고를 말하는 것으로, 실록의 원고가 되었다.

그러다 마침 1498년 『성종실록』 사초를 편집하게 되었다. 이에 실록청 당상관이 된 이극돈은 김일손이 김종직의 「조의제문弔義帝文」을 사초에 삽입한 것을 알게 되었다.

이극돈은 이를 훈구파의 거두 유자광에게 알렸다. 유자광은 이 글이 조카인 단종을 몰아내고 즉위한 세조를 비난한 것이라고 해석하여 연산군에게 고해바쳤다.

즉 「조의제문」은 겉으로는 초나라의 회왕(의제)이 꿈에 나타나 이를 조문한다는 내용이었으나, 항우에게 죽은 의제는 실제로는 단종을 가리킨다는 것이었다.

결국 이 사건을 빌미로 사림에 대한 대대적인 탄압이 가해졌다. 바로 무오사화戊午士禍가 일어난 것이었다. 1498년 7월 12일의 일이었다. 사초가 원인이 되었다 하여 '사史'자를 넣어 무오사화戊午史禍라고도 한다.

이때 「조의제문」을 『성종실록』에 실으려 했던 김일손 등 상당수의 사림 세력이 대거 처형을 당하거나 유배 또는 파면되었다. 또한 연산군은 이를 김종직이 선동한 것이라 하여, 이미 죽은 김종직의 관을 파헤쳐 그 시체의 목을 베는 부관참시형을 집행하였다.

또한 김일손·권오복·권경유 등은 간악한 파당을 이루어 선왕先王을 무록誣錄하였다는 죄를 씌워 죽이고, 강겸·표연말·홍한 등은 난亂을 고하지 않았다는 죄로 귀양을 보냈다. 또한 이종준·최부·강혼 등도 김종직의 제자로서 붕당을 이루어 「조의제문」 삽입을 방조했다는 죄로 역시 귀양을 보냈다.

한편 어세겸·이극돈 등은 수사관修史官으로서 문제의 사초를 보고도 보고하지 않았다는 죄로 파면되었다.

이로써 유자광을 중심으로 한 훈구파는 그 위세가 더해진 반면, 많은 사림파 인사들은 희생되었다.

조선시대 4대 사화 가운데 첫 번째 사화인 무오사화는 이렇게 마무리되었다.

----

**1950년 7월 12일**

# 한미 대전 협정 체결

----

1950년 7월 12일 임시수도 대전에서 '주한 미국 군대의 관할권에 관한 대한민국과 미합중국 간의 협정'이 체결되었다. 일명 '한미 대전 협정'이라 불린다.

한국전쟁이 발발하자 북한군의 기습적 남침으로 국군은 후퇴를 거듭하였다. 이에 다급해진 이승만 대통령은 맥아더 유엔군 총사령관에게 한국군의 작전 지휘권을 맡아 달라는 서신을 보내 구조 요청을 하였다.

맥아더가 이 제안을 수락함으로써 각서 교환 형식의 대전 협정이 체결되었다.

그 주요 내용은 ① 주한 미군과 그 구성원에 대한 배타적 재판권을 미 군법 회의에서 행사한다 ② 미군의 한국인 구속은 미군과 그 구성원에게 가해 행위를 했을 경우에 한한다 ③ 미군은 미군 이외의 어떤 기관에도 복종하지 않는다는 것이었다.

이 협정은 한국전쟁이라는 급박한 상황 하에서 우리나라의 일방적인 양보로 이루어짐으로써 미군 당국의 일방적인 형사재판 관할권을 인정한 불평등한 것이었다.

미군의 범법 행위 등에 대해 우리나라 정부는 주권 국가로서 아무런 조치를 취할 수 없었다. 그리고 협정은 조약의 정식 절차를 결여하였으며 국회의 비준을 얻지도 않았다.

휴전 후인 1953년 10월 1일에는 '한미 상호 방위 조약'이 체결되어 미군은 우리나라에 계속 주둔하게 되었다. 그리고 '작전 지휘권operational commands'의 명칭이 '작전 통제권operational control'으로 바뀌게 되었다.

우리나라는 대전 협정의 불평등 조항을 개정하는 새로운 협정 체결을 요구하였으나 미국의 소극적인 태도로 협상은 지지부진하였다.

이후 1967년 2월 9일에 이르러 한미 행정 협정이 발효되었으나 내용은 이전의 대전 협정과 큰 차이가 없었다.

* 1967년 2월 9일 '한미 행정 협정 발효' 참조

—

1948년 7월 12일

# 제헌국회, 대한민국 헌법 의결

—

1948년 7월 12일 제헌국회에서 제정된 대한민국 헌법이 국회를 통과하였다.

이에 앞서 1948년 5월 30일 소집된 국회는 곧 '헌법기초위원회'를 구성, 헌법 기초에 착수하였다. 처음에는 국회 양원제와 의원내각제를 채택하였다.

하지만 이승만의 강력한 주장과 8월 15일까지 국내외에 독립을 선포해야 하는 다급한 상황에 쫓겨 구舊일본 제국헌법과 바이마르 헌법을 참고하였다. 결국 제헌헌법은 3권 분립을 규정하고 국회 단원제와 대통령 책임제로 수정되었다.

다만 대통령은 국회에서 선출하도록 하였다. 또한 미국식 대통령제에 의원내각제적 요소를 가미하였고, 지방자치를 규정하였다.

제헌헌법은 7월 17일 서명 · 공포되고 발효되었다. 그리고 8월 15일 대한민국 정부 수립을 선포하여 신생 민주주의 국가 대한민국의 탄생을 세계만방에 알렸다.

* 1948년 5월 10일 '제1대 국회의원 선거 실시' 참조
* 1948년 5월 31일 '우리나라 최초의 국회, 제헌국회 개회' 참조
* 1948년 7월 1일 '제헌국회, 국호를 대한민국으로 결정' 참조
* 1948년 8월 15일 '대한민국이 탄생하다' 참조

---

1631년 7월 12일

# 정두원, 천리경 · 자명종 등을 인조에게 헌상

---

1631년 7월 12일 명나라 진위사로 갔던 정두원이 돌아와 천리경, 서포, 자명종, 염초화, 자목화 등 진귀한 물건과 서적을 인조에게 바쳤다.

이에 앞서 정두원은 1630년 7월 2일 명나라로 떠났으며, 다음해 베이징北京에서 임무를 마치고 한양으로 돌아오던 중 덩저우에 잠시 머물렀다.

그는 이곳에서 포르투갈 출신 예수회 신부 로드리게스를 만났다. 그는 조선 포교를 열망하며 정두원에게 현대적 기계와 서적을 선물로 주었다.

마테오리치의 『천문서』『직방외기』『서양국풍속기』『천문도』『홍이포제본』 등의 서적은 서양 문물을 접할 수 있는 기회가 되었다.

정두원은 이외에도 신부로부터 염초 굽는 법을 배워와 국내에 보급하였다.

7월의
모든 역사

# 7월 13일

■
·
■

747년 7월 13일

# 고구려 출신의 고선지 장군, 토번을 정벌하다

"고선지는 일찍이 유럽이 낳은 어떤 유능한 사령관보다도 탁월한 전략과 통솔력의 소유자이다. 이 원정은 나폴레옹이 알프스를 넘은 것보다도 더욱 위대하다."

-오렐 스타인, 영국의 탐험가

나는 새도 넘기 어려워 잠시 쉬어가고, 구름도 넘다가 산허리에 걸린 다는 까마득한 땅 파미르 고원은 세계의 지붕이라고 불린다. 그러나 전혀 인간의 발길을 허락하지 않을 듯한 이곳을 이미 1300여 년 전에 넘어간 사람이 있다. 바로 그 이름도 유명한 고선지였다. 그는 1만 명의 군대를 이끌고 대大원정을 감행하였다.

후일 이곳을 찾은 영국의 탐험가 스타인은 당시의 정벌을 두고 "한니발이나 나폴레옹이 알프스를 넘은 것보다도 훨씬 더 위대하다"고 찬탄하였다.

668년 고구려가 멸망하자, 그 유민들은 대거 당나라의 척박한 땅으로 끌려갔다. 이때 고선지의 아버지 고사계도 당나라의 서쪽 변방인 하서 지방으로 붙들려갔다.

그러나 그는 이곳에서 여러 차례 전쟁에 참가해 공을 세워 안서사진 교장에 올랐다. 안서사진에 속하는 언기 · 구차 · 소륵 · 우전 등은 타림 분지의 남쪽 바깥에 설치된 기지로 당나라의 서방 공략을 위한 교두보였다.

어린 고선지도 아버지를 따라 안서로 왔는데, 그는 용모가 수려하여 고사계가 항상 걱정했다고 한다. 아무래도 무인으로서의 자질이 부족하지 않을까 싶어서였다.

그러나 고선지는 점점 성장하면서 아버지의 우려를 말끔히 씻어냈다. 누구보다도 말타기와 활쏘기에 능한 데다 용기와 결단력까지 갖추었던 것이다. 스무 살 때부터 아버지를 따라 전쟁터를 누빈 고선지는 곧 유격장군이 되었다.

어느 해 안서절도사 부몽영찰에게 달해부를 치라는 당 현종의 명령이 떨어졌다. 그러자 부몽영찰은 주저 없이 고선지에게 그 임무를 맡겼다.

명령을 받은 고선지는 2,000명의 군사를 데리고 간단히 그곳을 정벌하고 돌아왔다. 그 공적으로 고선지는 사진도지병마사까지 승진하였다.

　고선지는 747년 소발율국에 대한 원정을 통해 세상에 널리 알려지기 시작하였다. 당시 당나라의 서쪽에는 티베트가 세운 토번이 큰 세력을 떨치고 있었다. 토번은 당의 반발에도 불구하고 항시 눈독을 들여오던 소발율국을 혼인 정책을 써서 자신의 품으로 끌어들였다. 이 여파로 근처 20여 개의 서역국들도 덩달아 토번에게 달라붙어 조공을 바쳤다.

　이것은 당나라에게는 심각한 문제였다. 이 지역에 대한 지배권의 상실과 더불어 실크로드가 끊기는 것을 의미하기 때문이다.

　이에 현종은 고선지를 행영절도사로 임명하고 1만여 명의 병사를 주어 소발율국을 정벌하도록 하였다. 747년 7월 13일의 일이었다.

　고선지는 구차를 출발해 오식닉국에 이르자 부대를 셋으로 갈라 토번의 중요한 거점인 연운보에서 합류하기로 하였다. 고난의 행군 끝에 연운보에 도착했지만 앞에는 파륵천이라는 엄청난 급류가 흐르고 있었다.

　하지만 고선지의 독려와 재치로 무사히 강을 건너는데 성공하자 연운보를 함락시키는 것은 식은 죽 먹기였다. 당군이 절대 파륵천을 건너오지 못할 것이라 예상한 나머지 토번은 아무런 방비도 하지 않았던 것이다. 고선지는 이 승세를 몰아 다시 남쪽으로 3일간을 행군하여 험난하기로 소문난 탄구령에 도달하였다. 이곳은 지대가 하도 높아 두통과 구토 등의 고산병이 일어나는 지역이었다.

　그러나 고선지는 이 고개를 넘기로 결정하였다. 그는 병사들의 사기를 높이기 위해 아군을 토번군으로 위장시켜 항복하는 계략을 썼다. 사정을 모르는 고선지의 군대는 용기백배하여 사투를 벌인 끝에 탄구령을 넘었다. 다시 절벽길을 3일 동안 통과하여 마침내 소발율국의 수도인 아노월성을 점령하였다. 고선지는 토번에 협력한 관리들을 찾아 모두 처형하고 소발율국의 왕과 공주는 포로로 잡아 회군하였다.

고선지는 이 공로로 새로이 안서절도사로 임명되어 당의 서역 경영을 책임졌다. 750년에는 석국을 정벌하여 그 왕을 포로로 잡아왔는데 왕이 장안에서 그만 죽음을 당하였다. 이에 분노한 석국의 왕자는 사라센에 도움을 요청해 함께 당나라를 공격하였다.

고선지는 다시 정벌군을 편성하여 탈라스의 대평원으로 달려갔다. 5일에 걸친 치열한 격전에서 고선지는 처음으로 참패를 당하였다. 그러자 현종은 고선지를 안서절도사의 직위에서 해임하고 장안으로 소환하였다.

그 후 안녹산의 난 때 토벌군의 장수로 나섰지만 감군으로 나와 있던 변령성의 모함에 걸려 고선지는 진중에서 참수당하고 말았다.

그러나 고구려인의 후예로 실크로드를 호령하던 그의 우렁찬 목소리는 여전히 오가는 행인들의 귓전을 때리고 있다.

___

1308년 7월 13일

# 고려 충렬왕, 신효사에서 세상을 떠나다

___

충렬왕은 1236년 원종의 장자로 태어났다. 당시는 몽골 제국이 세운 원나라가 고려를 공공연하게 지배하던 시기였다. 그래서 충렬왕은 1274년 5월 원나라를 세운 세조의 딸 제국대장 공주와 혼인을 하여 세조의 사위가 되었다. 고려로서는 원과 처음으로 통혼通婚한 것이었다. 원종이 죽자 충렬왕은 그해 8월 고려로 돌아와 고려 제25대 왕이 되었다.

고려는 원나라와의 혼인으로 자주성을 잃게 되어 많은 간섭을 받았다. 충렬왕에게도 조祖, 종宗 대신에 왕王을 쓰게 하고 충성을 뜻하는 '충忠'자를 붙이게 하였다. 더군다나 충렬왕은 귀국할 때 몽고 풍속인 변발과 호복을 하였다. 또한 공주도 몽고식 생활을 하여 고려에는 몽고 풍속이 유행하게 되었다.

충렬왕은 즉위년 10월에 원 세조의 강요로 일본 정벌을 위한 동로군을 파견하였으나 태풍으로 큰 피해를 입고 패퇴하였다. 충렬왕 7년(1281)에도 김방경 등이 원나라 병사와 더불어 제2차 일본 정벌에 나섰으나 역시 실패하였다. 충렬왕 16년(1290)에는 원나라를 괴롭히던 내안乃顔의 잔여 세력인 합단哈丹의 내침으로 12월에 강화로 피난하기도 하였다.

원나라의 지나친 간섭으로 자신만의 정치를 펼치지 못했던 충렬왕은 세자나 공주가 말릴 정도로 사냥을 좋아하여 국고를 고갈시켰다.

결국 1298년 충렬왕의 총애를 믿고 세력을 부리던 궁인 무비가 세자(뒤의 충선왕)에게 주살되자 정치에 염증을 느껴 세자에게 왕위를 넘기고 태상왕이 되었다. 하지만 충선왕이 아내인 계국대장 공주의 음모로 실각하자 다시 왕위에 복귀하였다.

이후 충렬왕은 부자간의 이간을 일삼는 무리들에게 휘말려 정사는 돌보지 않고 사냥과 음주가무에만 몰두하다가 1308년 7월 13일 신효사에서 73세를 일기로 붕어하였다.

—

1882년 7월 13일

# 흥선 대원군, 청나라에 납치당하다

—

1882년 6월에 발생한 임오군란을 수습한 흥선 대원군은 정권을 재집권하게 되었다. 이에 정권을 잃은 명성황후 일파는 기민하게 움직여 중국 톈진에 가 있던 김윤식을 시켜 청나라의 리훙장에게 구원을 청하게 하였다. 마침 조선에서 내정 간섭의 기회를 노리던 청의 리훙장은 오장경에게 군사 4,500명을 주어 조선으로 출동시켰다.

조선에 도착한 오장경은 군무軍務에 대하여 상의할 일이 있다며 흥선 대원군을 병영으로 초대하였다. 하지만 이것은 거짓이었다. 그들은 흥선 대원군을 군란의 책임자로 지목하여 체포하였다. 결국 7월 13일 대원군은 톈진으로 압송되어 구금되었다.

이 기회를 이용해 청군은 조선의 왕궁을 점거하고 삼군부의 수뇌를 체포하였다. 또한 위안스카이가 지휘하는 군대가 조선에 주둔하면서 조선의 병권을 장악하였다.

그리고 8월 23일에는 조중상민수륙무역장정朝中商民水陸貿易章程을 체결하여 청나라 상인이 조선의 상권을 독점하도록 하였다.

결국 외세의 힘을 빌려 흥선 대원군을 몰아 낸 명성황후 정권은 청의 내정 간섭 심화로 주권의 자주성을 잃게 되었다.

대원군은 4년간이나 청나라에 유폐되었다가 1885년 8월에야 귀국할 수 있었다.

* 1864년 1월 17일 '흥선 대원군 이하응 섭정 시작' 참조

* 1871년 3월 20일 '흥선 대원군, 전국의 서원을 철폐하다' 참조
* 1871년 6월 12일 '흥선 대원군, 각지에 척화비를 세우다' 참조
* 1898년 2월 22일 '흥선 대원군이 사망하다' 참조

1973년 7월 13일

# 신라 금관, 경주에서 발견

1973년 7월 13일 우리나라 최고最古로 추정되는 신라 금관이 경주에서 발견되었다. 삼국시대 초기의 것으로 추정되었다.

이 금관은 1969년 3월 최종호가 경주시 교동 68번지의 옆 적성총에서 파내 3년여를 숨겨 오던 것이었다. 이날 문화재 관리국은 657점의 부장품과 함께 이 금관을 회수하였다.

금관은 높이 13cm, 관대직경 14cm 외관으로 종이장 같이 얇은 것이었다. 이마 위에 얹혀 지는 밑둘레에 단지형 입식을 달았고 관대는 금판을 오려 붙여 띠처럼 만들었으며 뒤에 구멍을 뚫어 매어 쓸 수 있게 하였다. 작고 간결한 양식이 특징이다.

신라 금관은 해방 후 처음으로 발견된 것이다. 1921년에 발굴된 금관총 금관, 1924년의 금령총 금관, 1926년의 서봉총 금관, 이병철 소유의 금관, 일본인 오쿠라가 소장하고 있는 금관에 이어 여섯 번째로 발견된 금관이었다.

7월의
모든 역사

# 7월 14일

■
■
■

---

2005년 7월 14일

# 박지성, 맨체스터 유나이티드에 입단하다

---

나는 크지 않는 키를 원망하였다. 하지만 포기는 일렀다. 언젠가, 누군가는 내가 가지고 있는 잠재성을 인정해 줄 거라는 믿음만큼 은 버리지 않았기 때문이다.

-박지성

박지성은 1981년 전라남도 고흥에서 태어났다. 그는 세류초등학교 4
학년 때부터 축구를 시작하였다. 6학년 때에는 다섯 번이나 차범근 축
구상을 수상할 정도로 축구에 재능을 보였다.

이후 박지성은 안용중을 거쳐 수원공고에 입학하였다. 하지만 체격
이 작아 감독은 그에게 1학년 때까지 공을 가지고 노는 수준의 가벼운
훈련 정도만 시켰다. 심한 훈련이 성장에 장애를 줄 것 같아서였다.

1999년 박지성은 명지대학교로 진학하였다. 그는 2000년 하계 올림
픽 대표팀과 가진 연습 경기에서 좋은 활약을 보이면서 당시 올림픽 대
표팀 감독을 맡고 있던 허정무로부터 올림픽 대표로 선발되었다.

2000년에 박지성은 명지대학교를 휴학하고 연봉 5000만 엔이라는
파격적인 조건과 주전급 대우를 보장한 교토 퍼플 상가에 입단하였다.
이후 3년간 그는 교토 퍼플 상가에서 맹활약을 펼쳤다. 팀이 2부로 강
등된 후에도 팀에 잔류하여 다양한 포지션을 소화하면서 팀을 다시 1
부 리그로 이끌었다.

2003년 1월 1일 박지성은 일왕배 전소 일본 축구 선수권 대회 결승에
서 가시마 앤틀러스를 상대로 동점골을 성공시켰다. 경기가 2대 1 승리
로 끝나면서 교토 퍼플 상가가 처음으로 우승컵을 안는 데 크게 기여하
였다. 사실 박지성과 교토 퍼플 상가의 계약 기간은 2002년 12월 31일
까지였다.

이후 그는 유럽 무대에 도전하였다. 박지성은 거스 히딩크 감독의 추
천으로 계약 기간 3년 6개월에 연봉 100만 달러라는 조건으로 네덜란드
프로축구 리그 1부에 소속된 PSV 에인트호번으로 이적하였다.

하지만 처음에는 무리한 출전으로 부상을 입어 제 기량을 발휘하지
못했고, 이로 인해 들쭉날쭉한 플레이를 펼쳤다. 이 때문에 팀 동료인

마르크 판 보멀은 박지성의 서툰 네덜란드어 능력과 부진한 활약을 비판하였다. 심지어는 홈팬들로부터도 야유를 받을 정도에 이르렀다.

그러나 이후 박지성은 페이스를 끌어올리면서 점점 발군의 기량을 보이기 시작했고 네덜란드 정규리그와 UEFA 챔피언스리그에서의 활약으로 팀 내 주요 선수로 발돋움하였다. 그러자 PSV 에인트호번 팬들의 야유가 열광적인 '위숭 빠르크' 송으로 바뀌었다. 그렇게 환상적인 시즌을 보낸 박지성에게 들려온 소식은 영국의 명문 축구팀 맨체스터 유나이티드를 이끄는 알렉스 퍼거슨 감독으로부터의 러브콜이었다.

맨체스터 유나이티드는 UEFA 챔피언스리그 2004-05 시즌 16강전에서 AC 밀란의 두터운 수비벽을 뚫지 못하고 2연패를 당하며 탈락하였다. 그런데 이 대회에서 PSV 에인트호번 소속이던 박지성은 AC 밀란과의 4강 2차전 홈경기에서 불과 전반 9분 만에 상대 선수를 제치는 순간적인 돌파로 선제골을 기록하였다. 이에 이 경기를 관전한 맨체스터 유나이티드의 알렉스 퍼거슨 감독은 박지성을 영입하기로 결심한 것이다.

마침내 2005년 6월 22일 박지성은 맨체스터 유나이티드와 계약하였다. 그리고 7월 14일 등번호 13번을 배정받고 맨체스터 유나이티드 FC에 공식 입단하였다. 이후 그는 8월 13일 에버턴 FC와의 프리미어리그 원정 경기에서 데뷔전을 치렀으며, 이듬해인 2006년 2월 5일 아스널 FC와의 경기에서 프리미어리그 첫 골을 터트렸다.

이후 박지성은 부상으로 잠깐 쉬기도 하였지만 꾸준한 활약을 펼쳤다. 그래서 소속팀에서도 손에 꼽을 정도로 열심히 뛰는 선수로 인정받았다. 또한 공을 다투는 경합 상황에서 집중력과 근성이 돋보인다는 찬사를 들었다.

박지성의 주 포지션은 미드필드임에도 불구하고 공격력뿐만 아니라

수비적인 면에서도 탁월한 능력을 보여 주며, '수비형 공격수'라는 새
로운 포지션의 장르를 개척하였다. 그리고 양발을 모두 사용할 수 있다
는 장점 때문에 좌측과 우측 어느 쪽에서나 뛸 수 있었다. 그는 넓은 행
동반경과 많은 활동량으로, '산소 탱크'라는 별명을 얻게 되었다.

2006-07 시즌에는 팀이 우승함으로써 박지성은 아시아 선수 최초로
프리미어리그 우승 메달을 받았다. 2009년 5월 27일에는 FC 바르셀로
나와의 UEFA 챔피언스리그 2008-09 결승전에 선발 출전하여, 이 대회
결승전에 출전한 최초의 아시아 선수가 되었다.

박지성은 맨체스터 유나이티드와 2013년 6월까지 재계약을 체결하
였다. 박지성은 한화로 81억 4,300만원 상당의 연봉을 받게 되었으며,
이는 웨인 루니, 리오 퍼디낸드에 이어 팀 내 세 번째로 많은 것이다.

한편 박지성은 2000년 4월 5일 아시아축구연맹AFC이 주관하는 아시
안컵에서 국가대표로 선발되어 라오스와의 경기로 A매치 데뷔전을 치
렀다. 이어 2002년 한일 월드컵과 2006년 독일 월드컵, 2010년 남아공
월드컵에도 출전하였다. 특히, 2002년 한일 월드컵에서는 주전 미드필
더로 맹활약하면서 우리나라가 4강에 진출하는 데 큰 공헌을 하였다.
그리고 그는 2010년 남아공 월드컵 1차전에서 그리스를 상대로 골을
넣었다. 그것은 2002년 월드컵, 2006년 월드컵에 이은 월드컵 3개 대회
연속골이었다. 이로써 그는 안정환과 함께 월드컵 최다 골(3골)을 넣은
선수가 되었다. 2008년 10월에는 처음으로 국가대표팀 주장을 맡았으
며, 이후 국가대표 은퇴 직전까지 주장을 맡았다.

박지성은 2011년 AFC 아시안컵 대회 4강 일본전에서 자신의 A매치
100번째 출장 기록을 달성, 대한민국 선수 중 역대 8번째로 센추리 클
럽에 가입한 선수가 되었다. 그는 이 경기를 끝으로 국가대표팀에서 은

퇴를 선언하고, 2011년 1월 31일 11년간 뛰었던 국가대표에서 은퇴하였다.

2012년 현재 박지성은 맨체스터 유나이티드 FC에서 선수로 활약하고 있으며, 자신이 세운 재단법인 'JS 파운데이션'을 통해 유소년 축구 선수들을 후원하고 있다.

—

**1907년 7월 14일**

# 이준 열사, 헤이그에서 세상을 떠나다

—

1995년 8월 5일, 네덜란드 헤이그에서 의미 있는 행사 하나가 열렸다. 88년 전 고종의 특사로 만국평화회의에 파견되었다가 순국한 이준을 기리기 위해 이준 열사 기념관이 문을 연 것이다.

당시 이준이 투숙했던 바겐슈트라가 124번지의 옛 용스 호텔이라는 점에서 더욱 뜻이 깊었다. 교포 실업가인 이기항이 사재 20만 달러를 주고 이를 사들여 기념관으로 개조한 것이다. 기념관의 이름은 이준의 정신을 살려 '평화박물관Peace Museum'으로 부르고 있다. 비록 유해는 국내로 돌아왔지만 그 정신은 헤이그에 남아 계속적으로 세계와 소통하고 있는 것이다.

일제는 1904년 러일전쟁을 일으킨 후 대한제국을 병합하기 위한 구체적 행동에 들어갔다. 먼저 수상 가쓰라가 미국 육군장관 태프트와 만나 일본은 미국의 필리핀 지배권을, 미국은 일본의 조선 지배권을 상호 인정한다는 협약을 체결하였다. 이른바 가쓰라-태프트 밀약이다.

일본은 이어 영국과는 영일동맹을, 러시아와는 포츠머스 강화회의를 통해 조선에서의 특수 이익을 인정받았다. 여기에 힘을 받은 일제는 1905년 11월 고종과 대신들을 위협하여 강제로 을사조약을 체결하였다. 이로 인해 조선은 일제에게 외교권을 빼앗겨 독자적인 외교 활동이 불가능해졌다.

을사조약이 체결되었다는 소식에 민영환과 조병세는 울분을 참지 못하고 자살하였다. 분노의 도가니에 빠진 국민들은 대대적인 항일 운동에 나서기 시작하였다.

고종은 이런 의병들에게 밀지를 보내 격려하는 한편 외교적으로도 일제의 만행을 알리기 위해 노력하였다. 마침 러시아 황제 니콜라스 2세가 네델란드 헤이그에서 개최되는 제2차 만국평화회의의 초청장을 보내 왔다. 고종은 속으로 쾌재를 불렀다. 세계 각국의 대표가 모인 자리에서 우리나라의 주권을 강탈한 을사조약은 무효라고 주장할 수 있는 좋은 기회였기 때문이다.

이에 고종은 헤이그에 특사를 파견하기로 결심하고 사람을 고르는 작업에 들어갔다. 여러 경로로 의견을 모은 결과, 정사로는 전 의정부 참찬 이상설이 낙점되었다. 법관 출신으로 을사조약의 합당성 여부를 따질 수 있는 전 평리원 검사 이준과 러시아어 및 영어, 불어에 능통한 이위종은 부사로 지명되었다.

이준은 한성을 떠나 블라디보스토크에서 이상설, 다시 철도를 이용하여 페테르부르그에서 이위종과 만나 헤이그로 출발하였다. 이들 특사는 1907년 6월 25일 헤이그에 도착하자 용스 호텔에 여장을 풀고 태극기를 게양하였다.

이들은 우리의 주장을 담은 문서를 불어로 번역해 각국 대표들에게 돌리고, 의장을 맡은 러시아 대표 넬리도프를 찾아가 회의에 참가시켜 줄 것을 요구하였다.

그러나 넬리도프는 회의 참가에 대한 결정권이 초청국인 네덜란드에 있다며 책임을 회피하였다. 이에 특사들이 네덜란드 외상을 만나 고종의 위임장을 제시하며 조선의 입장을 호소했지만 그는 일언지하에 묵살하였다.

을사조약에 의해 대한제국은 외교권 행사가 불가능하다는 것이었다. 특사들이 조약의 부당성을 아무리 설명해 줘도 소용이 없었다. 더구나 일본의 방해 공작이 치열하게 벌어지는 상황이라 이들 특사들의 행동은 더욱 제약을 받았다.

그렇지만 특사들은 이에 실망하지 않고 적극적인 장외 활동으로 돌파구를 찾았다. 먼저 일제의 침략성을 규탄한 글을 각국 대표들에게 발송하고 그 전문을 「꾸리에 드 라 꽁페랑스」라는 신문에 발표하였다.

또 외국어에 능통했던 이위종은 각국 기자단의 '국제주의협회'에서 대한제국의 비참한 실정을 알리는 열정적인 연설을 하였다. 많은 기자들이 여기에 감동하여 즉석에서 대한제국을 지지하는 결의안을 채택할 정도였다. 그러나 외교란 힘의 논리가 지배하는 것이라서 이런 장외의 호의적인 반응과는 상관없이 특사들의 회의 참여는 끝내 좌절되었다.

이위종은 국제주의협회 연설 직후 페테르부르그로 돌아갔고 이준은 약소국의 서글픔에 울분이 쌓여 그곳에서 순국하고 말았다. 1907년 7월 14일의 일이었다.

일제통감부는 이들 특사들의 활동에 분개하여 대한제국의 법부를 협박해 궐석 재판에서 이상설에게 사형을, 이준과 이위종에게는 종신형을 선고하였다.

이상설과 이위종이 끝내 귀국하지 못하고 국제적인 미아가 된 것은 이 때문이었다.

* 1905년 11월 17일 '을사조약이 체결되다' 참조
* 1907년 4월 20일 '이상설 · 이준, 만국평화회의 참석 차 출국' 참조
* 1907년 6월 25일 '을사조약의 불법성을 알리기 위한 고종 밀사 3명, 헤이
  그 도착' 참조

—

**1744년 7월 14일**

# 영조, 강화 외성 개축

—

1744년 7월 14일 영조는 대몽 항쟁기에 몽골의 침략을 방어하기 위해 쌓았던 강화 외성을 다시 개축하였다.

당시 고려가 강화에 쌓은 성은 내성 · 중성 · 외성이 있었다. 이 중 외성은 중성을 수비하기 위한 성으로, 고려 고종이 몽골의 침입을 피해 강화로 천도한 이듬해인 1233년 쌓은 것이다. 1235년 12월까지 적북 돈대에서 초지진까지 동쪽 해협을 따라 23km에 이르는 대대적인 축조 공사가 진행되었다. 그러나 이 성은 몽골의 요구로 1259년 허물어야만 하였다.

조선 시대에는 외적의 침입 시 피난처로의 가치를 인정하여 숙종 17년(1691) 병자호란이 발발하였을 때 허물어진 외성을 돌을 이용하여 다시 쌓았다. 이 성은 1718년 숙종이 다시 증축하였다.

영조 때 강화유수 김시혁은 매몰된 토성을 개축하되 북경성처럼 벽돌로 성을 개축할 것을 건의하였다. 이에 영조의 허락을 받아 10리에 이르는 벽돌성을 개축하였다.

이듬해부터는 좌의정 송인영의 주관으로 30리를 개축하였다. 40리

에 이르는 벽돌을 사용한 성의 개축은 미곡 3만 곡斛에 달하는 비용을 소비하여 조정에서는 그 많은 비용을 들여 성을 개축해야 하는지에 대하여 의견이 분분하였다.

강화 외성은 벽돌로 쌓은 최초의 성으로, 이때 습득한 축성 기술은 정조 때 수원 화성을 축성하는 밑거름이 되었다. 벽돌로 개축한 전축성은 오두돈 주변(남측)에 일부가 남아 있어 수원화성과 더불어 전축성 연구에 귀중한 자료가 되고 있다.

---

1929년 7월 14일

# 「조선일보」, 문자 보급 운동 시작

---

"조선 인구의 90퍼센트에 달하는 문맹을 타파하고 한글을 보급하여 민족 정신을 선양하려는 실천적 항일운동이었다."

－정진석, 언론학자

「조선일보」가 '아는 것이 힘, 배워야 산다'는 표어를 내걸고 1929년 7월 14일부터 전국 규모의 '귀향 남녀 학생 문자 보급 운동'을 시작하였다.

당시 신문사들은 문맹을 퇴치하고 민중을 계몽하는 일이 바로 항일하는 길임을 인식하고, 조직적으로 전국 규모의 문자 보급 운동을 벌였다.

문자 보급 운동은 학생들이 방학 기간 중에 하므로 특별한 경비가 소요되지 않고 신문사에서 제공하는 교재를 사용해 집이나 헛간 등 장소에 구애받지 않아 다른 방법에 비해 효율성이 큰 사업이었다.

첫 해에는 귀향 학생 409명이 참가해 2,849명이 한글을 깨칠 수 있었고, 이듬해인 1930년에는 900여 명의 학생이 참여해 1만여 명이 문자를 해독하는 성과를 거뒀다.

「조선일보」는 16쪽의 '한글 원본'을 배포해 문자 해독을 도왔다.

7월의
모든 역사

# 7월 15일

.
.
.

—

1968년 7월 15일

# 중학교 입시가 철폐되다

—

"중학교 시험제 입학을 없애는 것은 우리나라 교육사史의 큰 혁명
이다."

-권오병, 문공부 장관

정부는 1950년 6월 1일을 기해 전국적으로 6년제 의무교육을 시행하였다. 이에 따라 우리나라 초등학교 취학률은 1960년대 들어 완전 취학 수준인 96%를 상회하였다.

그러나 상대적으로 중등교육에 대한 지원은 그에 미치지 못하여 1960년대에도 중학교 진학률은 여전히 50% 정도에 머물러 있었다. 결국 중학교 진학 단계에서 커다란 병목 현상을 빚어 중학교를 가려면 입학시험을 치러야만 하였다.

중학 입시는 전기, 후기로 나눠 학교 별로 필기시험과 체력장을 치렀는데 학부모들의 열기가 대단하였다. 이 과정에서 기성세대들은 중학교를 서열화하고, 소위 명문 중학교와 그렇지 않은 중학교로 구분하였다.

그래서 10세 전후 아이들에게 명문 중학교를 진학하도록 치열한 경쟁을 강요하였다. 경기중학교 같은 명문 중학교에 진학하면 경기고등학교와 서울대학교 같은 윗선의 명문 학교를 갈 수 있고, 그럼으로써 학연에 따른 인맥을 만들어 부와 권력을 가질 수 있다는 믿음 때문이었다.

이에 초등학교 학생들은 심신의 발육에 지장이 있을 만큼 밤늦도록 과열 과외에 시달렸으며, 초등교육은 중학교 입학시험에 따라 비정상적으로 운영되는 사례가 많았다. 학부모들의 과중한 사교육비 부담, 재수생의 증가 등도 심각한 사회문제로 대두되기도 하였다.

급기야 1964년 12월 7일 서울 지역 전기前期 중학교 입학을 위한 시험에서 자연 과목의 정답 때문에 '무즙 파동'이 일어났다. 무즙과 관련된 문제에서의 복수 정답 인정 여부 때문이었다. 이어 1967년 12월 1일에는 미술 과목에서 역시 복수 정답 문제로 '창칼 파동'이 일어났다.

결국 중학교 입학시험 문제를 둘러싼 논란이 법정 문제로 비화되는 등 중학교 입시 문제가 커다란 사회적 문제가 되었다. 그러자 중학교

진학 문제의 근본적인 해결을 요구하는 사회적인 공감대가 형성되어
갔다. 이에 따라 1968년 7월 15일 문교부는 중학교 입시 철폐안을 발
표하였다.

1969년 서울을 시작으로 1970년부터는 부산 · 대구 · 광주 · 대전 ·
인천 · 전주, 1971년부터는 전국의 모든 중학교 입시제를 폐지하고, 학
생들은 추첨을 통해 무시험으로 진학하며, 세칭 일류 중학교는 단계적
으로 3년 안에 학생 모집을 중단한다는 것이 주요 내용이었다.

개혁안이 발표되자 학부모를 포함한 각계의 지지와 환영이 이어졌
다. 무엇보다도 중학교에 입학하기 위해 시험을 치르던 초등학교 학생
들이 입시 지옥에서 벗어나게 되었다며 좋아하였다. 하지만 부작용으
로 학교 간의 엄청난 실력 차이가 나타났으며, 소속감 역시 결어되었
다. 또한 진학률 증가로 교원과 교실이 부족한 현상도 발생하였다.

중학교 입시 철폐안이 발표됨에 따라 경기중 · 서울중 · 경복중 · 경
기여중 · 이화여중 등 5개교는 1969년도부터 신입생을 뽑지 않고 학교
를 폐쇄하였다. 그리고 서울 시내 초등학교 학생들은 1969년 2월 5일
중학교에 배정받기 위한 무시험 전형을 처음으로 실시하였다.

그동안 병목 현상을 빚었던 중학교 진학률은 시행 첫 해인 1969년에
는 51%였으나 1970년 62.6%, 1971년 68.7%로 점차 늘어나는 추세를
보였다.

한편 1973년 2월 28일에는 고등학교 평준화 조치가 발표되었다. 이
에 따라 고등학교 입시 제도도 1974년 폐지되고 추첨제로 바뀌었다.
그래서 1974년부터 현재와 같은 초등학교-중학교-고등학교 체계가 마
련되었다.

* 1964년 12월 7일 '무즙 파동이 일어나다' 참조
* 1967년 12월 1일 '창칼 파동이 일어나다' 참조
* 1969년 2월 5일 '중학교 무시험 입학 추첨 실시' 참조
* 1973년 2월 28일 '고교 평준화 조치 발표' 참조

—

1855년 7월 15일

# 일본 총독에게 폭탄을 던진 강우규가 태어나다

—

1919년 9월 2일, 남대문역 안팎은 귀빈을 맞이하기 위한 준비와 모여든 군중들로 들썩거렸다.

3 · 1 운동의 발발로 하세가와가 해임되고 해군대장 사이토 마코토가 신임 총독으로 부임하는 날이었다. 오후 5시, 특별열차를 타고 역에 도착한 사이토가 삼엄한 경비 속에 환영객들의 인사를 받으며 구내를 빠져나왔다.

그가 막 대기 중인 쌍두마차에 오르려는 순간 '꽝'하는 폭음과 함께 폭탄이 터졌다. 순간 역주변은 아수라장으로 변하였다. 그러나 폭탄이 마차 멀리서 터지는 바람에 사이토는 털끝 하나 다치지 않았다. 대신 총독부 정무총감 등 주위에 있던 사람들이 죽거나 중경상을 당하였다.

사이토의 간담을 서늘케 한 이 사건의 주인공은 놀랍게도 65세의 노인, 바로 강우규였다.

그는 1855년 7월 15일 평안남도 덕천에서 가난한 농부의 막내로 태어났다. 그러나 일찍이 부모를 여의는 바람에 손위 누이 집에서 자랐다. 그는 어려서 한 손으로 독수리를 잡을 만큼 용맹스러웠고 서당에서

한문을 배울 때는 모두가 놀랄 정도로 기억력이 뛰어났다.

1885년 덕천에서 반일 활동을 하다 신변에 위협을 느낀 강우규는 함경도 홍원으로 이주하였다. 이곳에서 그는 담뱃대, 포목, 철물 등 여러 물품들을 파는 잡화상을 차렸는데, 규모가 상당하였다. 그의 가게와 거래하기 위해 함경도는 물론 멀리 간도에서도 상인들이 모여들었다.

강우규는 홍원에 정착하여 25년 동안 잡화상을 운영하면서 교육 사업에도 눈을 돌렸다. 그는 잡화상으로 돈을 버는 것을 교육에 대한 투자를 위해서라고 생각하였다. 실제로 사립학교를 세우는 등 교육에 많은 투자를 하였다.

그러나 1910년 한일합방이 터지면서 그의 인생은 뒤늦게 급격히 굽이치기 시작하였다. 그는 국권의 회복을 위해 직접 독립운동에 뛰어들기로 결심하였다.

그리하여 1911년 봄, 정든 땅 홍원을 등지고 두만강을 건너 간도의 두도구로 들어갔다. 그는 5년간 간도와 노령의 한인촌을 떠돌며 한방술로 생계를 유지하다 1915년 요하현의 신흥동에 정착하였다.

강우규는 이곳에서도 한인 자녀들을 위해 학교를 설립해 교육에 대한 그의 강한 의지를 드러냈다. 학교의 운영 자금은 그가 직접 한방 의료를 통해 조달하거나 민족 단체들이 성금을 보내주기도 하였다. 즉 학교가 민족 세력을 결집시키는 하나의 구심점 역할도 수행한 것이다.

강우규는 또 블라디보스토크를 수시로 오가며 동지들과 독립운동을 논의하였다. 그러던 중 국내에서 1919년 3·1 운동이 일어났다는 소식이 전해지자 강우규는 자신이 비록 노인이지만 독립을 위해서라면 뭐든지 하겠다고 다짐하였다.

마침 3월 하순 블라디보스토크에서 노인동맹단이 결성되자 강우규는 이곳에 가입하여 요하현의 책임자가 되었다. 이 단체는 나라 밖 65세 이상의 한인들을 모두 결속시켜 조국의 독립을 꾀하려는 목적으로 만들어졌다. 당시 320여 명이 단원으로 가입하였는데, 여자들이 더욱 열성적으로 활동하였다.

5월에 노인동맹단은 7인의 대표를 뽑아 국내에 파견해 종로 보신각 앞에서 시민들에게 연설을 하고 태극기를 흔들며 '조선 독립 만세'를 외쳤다. 이들은 곧 체포되어 추방되거나 징역을 선고받았다.

이에 분개한 강우규는 사이토가 새 총독으로 부임한다는 소식을 접하자 그를 살해하기로 마음먹었다. 그는 블라디보스토크에서 한 러시아인에게 50루블을 주고 수류탄을 구입한 후, 원산으로 가 최자남을 만났다. 그로부터 거사 자금을 건네받고 거기서 알게 된 허형과 함께 한성에 잠입하였다.

강우규와 허형은 만일을 위해 용산역은 허형, 남대문역은 강우규가 나누어 맡기로 하였다. 결국 사이토가 남대문역에 도착해 강우규의 폭탄이 터졌다. 거사 뒤 강우규는 현장을 빠져나와 이곳저곳을 숨어 다녔다.

그런데 경기도 경찰부에서 고등계 형사로 재직하던 김태석이란 자가 현장 경비를 서다가 폭탄을 던지는 강우규를 보았다. 그도 폭탄 파편에 맞아 오른쪽 정강이를 조금 다쳤는데, 부상이 낫자 강우규를 잡기 위해 두 눈을 벌겋게 뜨고 찾아다녔다.

결국 김태석의 집요한 추적으로 그는 임승화의 집에서 체포되고 말았다. 강우규는 심문을 받으면서도 당당하게 독립 연설을 하여 일본 경찰을 감동시켰다.

하지만 그는 사형이 확정되어 1920년 11월 사망하였다.

---

1994년 7월 15일

# 국회의원 이부영, 김일성 조문 발언 파동

---

1994년 7월 15일 민주당 소속의 국회의원 이부영이 국회 정보위에서 정부가 화해와 신뢰 구축의 한 방편으로서 7월 8일에 사망한 북한의 김일성 주석 조문단을 파견할 의향이 없는가를 물었다.

그러자 즉각 민자당과 보수인사들이 이는 김일성의 죽음을 애도하는 것이라며 이부영 의원을 공격하고 나서 파문이 일었다.

이에 이부영 의원은 미국 · 일본 · 러시아 · 중국 등이 김정일 체제에 영향력을 행사하는 교두보를 만들려고 열중하는 데 반해 남한만 대북 영향력 확보에 뒤지면 안 된다는 의미에서 조문 외교의 필요성을 제기한 것이라고 해명하였다.

북한 측은 김일성 주석 조문단을 환영한다고 밝혔으나 결국 정부는 조문단의 북한 방문을 불허하였다.

7월의
모든 역사

# 7월 16일

■
·
■

**1986년 7월 16일**

# 검찰과 언론, 부천 경찰서 성고문 사건을 날조하다

"이 재판은 거꾸로 된 재판입니다. 여기에 묶여서 재판받아야 할 이
는 이 연약하고 순결무구한 처녀가 아니라 인간의 탈을 쓰고 차마
저지를 수 없는 만행을 저지른, 법질서와 인권과 인류도덕을 그 근
본에까지 남김없이 유린하고 우리로 하여금 인간성에 대한 마지막
신뢰까지 지닐 수 없게 만든 극악극흉한 문귀동 그 사람입니다. 권
양은 우리에게 '진실에의 비밀은 용기뿐'이라는 교훈을 온몸으로
가르쳐 주었습니다."

-권인숙 사건 변론 요지서

미국 영화배우 시고니 위버가 출연한 「진실」이라는 영화가 있다. 칠레 작가 아리엘 도르프만이 쓴 「죽음과 소녀」가 그 원작인데, 성고문의 끔찍한 기억에 관한 영화이다.

15년 전 눈이 가려진 상태로 14차례나 강간을 당한 파올리나는 그 후유증으로 문 두드리는 작은 소리만 나도 권총에 손이 갔다. 그러던 어느 날, 폭우 속에 남편의 귀가를 도와준 미란다의 목소리를 듣는 순간 그가 자신을 성고문한 범인임을 직감하였다.

그의 차 안에서 발견된 슈베르트의 「죽음과 소녀」 음반이 결정적인 물증이었다. 파올리나가 강간을 당하는 동안 가해자가 바로 이 노래를 틀어놓고 즐겼던 것이다.

파올리나는 권총으로 미란다를 위협하여 그날의 일에 대하여 자백을 요구하지만 미란다는 끝까지 잡아떼었다. 이에 법의 심판 대신 그녀가 직접 미란다를 처형하려고 하자 미란다는 비로소 유죄를 인정하였다.

파올리나가 원하는 것은 다른 게 아니었다. 그것은 범인이 죄를 인정하고 진심으로 반성하는 것이었다. 미란다가 자신의 죄를 인정하자 파올리나는 그를 용서하고, 더불어 그토록 자신을 짓눌러 왔던 고통도 씻은 듯이 사라졌다.

그런데 이 파올리나의 아픔은 결코 영화 속이나 남의 나라에만 존재하는 것이 아니다. 놀랍게도 그것은 우리나라의 현실이기도 하였다. 그 잔인한 진실이 권인숙을 통해 만천하에 모습을 드러냈던 것이다.

1985년 봄, 서울대 의류학과 4학년이던 권인숙은 스스로 학교를 등지고 부천에 있는 가스 배출기 회사에 취직하였다. 그때의 많은 학생들이 그러했듯, 노동 운동을 하기 위해 그녀도 허명숙이라는 이름을 빌려 생산직 직원으로 위장 취업하였다.

그러나 이듬해 6월 4일 권인숙은 주민등록증을 위조했다는 혐의로 영장도 없이 부천 경찰서에 연행되었다. 그녀는 경찰에서 자신의 혐의를 순순히 시인하였다.

문제는 형사 문귀동이 그녀에게 5 · 3 인천 사태 관련 수배자들의 소재를 캐면서 일어났다. 6일과 7일 두 차례에 걸쳐 말로는 표현 못할 끔찍한 성고문을 자행했던 것이다.

권인숙은 수치와 굴욕감에 부르르 몸을 떨었다. 한동안 아무것도 먹지 못하고 먹으면 계속 체하고 밤에는 악몽에 시달려 잠을 제대로 이루지 못하였다. 몇 차례나 자살을 하고 싶은 충동이 엄습해 왔으나, 다시는 자신과 같은 희생자가 생기지 말아야 한다는 생각에 이를 악물고 고통을 이겨냈다.

7월 3일 권인숙은 변호사를 통해 문귀동을 강제 추행 혐의로 인천지검에 고소하고 진상 규명을 요구하였다. 그러자 다음 날 문귀동은 그녀를 즉각 명예훼손 혐의로 맞고소하였다.

뒤늦게 수사에 나선 검찰은 7월 16일 '성모욕은 없었다'는 수사 결과를 발표하였다. 더 나아가 권인숙이 '혁명을 위해 성性까지 도구화했다'며 인권을 유린했다.

언론 또한 군사 정권의 보도 지침에 따라 사건을 축소하거나 왜곡하였다. 가령 '성적 모욕 없고 폭언 · 폭행만 했다'는 식으로 제목으로 뽑아 검찰의 주장을 사실로 굳혀 주었다. '부천서 성폭행 사건'도 그냥 '부천서 사건'으로만 표기하는 등 언론의 보도 태도는 실로 참담하였다.

검찰이 끝내 문귀동을 기소하지 않자 9월 1일 권인숙의 변호와 진상 규명을 위해 166명의 대규모 변호인단이 조직되었다. 이들은 검찰의 결정에 불복하여 인천지검에 재정신청을 냈으나 기각당하였다.

　서울고등법원에서는 고발장의 범죄 내용을 대부분 인정하면서도 문귀동의 성추행에 대한 권인숙의 구체적 진술을 목격한 자가 없어 인정할 수 없다며 기각하였다.

　그러나 1988년 2월 대법원은 끝내 변호인단의 재정신청을 받아들였다. 1987년에 일어난 '6 · 10 민주화 항쟁'이 영향 때문이었다.

　재정신청은 검찰의 불기소 처분에 대해 법원이 직접 피의자를 재판에 회부하는 것인데, 이때 조영황이 공소 유지 담당 변호사를 맡아 국민적 관심을 끌었다. 엄밀하게 따진다면 특별검사와는 다른 존재지만 그 기능이 유사한 것도 사실이다.

　결국 문귀동은 사건 발생 3년 만인 1989년 6월에 징역 5년의 실형을 선고받았다.

　이 사건을 통해 당시 권력의 수족이 된 검찰과 경찰, 권력의 나팔수가 된 언론, 권력의 시녀가 된 사법부의 추한 모습이 극명하게 드러났다.

　하지만 이런 최악의 여건에서도 스물두 살의 처녀가 폭력적인 권력과 당당히 맞서 승리했다는 사실은 커다란 희망이었다. 그것은 곧 국민들의 힘을 의미하기 때문이었다.

* 1986년 5월 3일 '5 · 3 인천 사태 발생' 참조
* 1987년 6월 10일 '6 · 10 민주화 항쟁이 일어나다' 참조

1597년 7월 16일

# 조선의 삼도수군통제사 원균, 칠천량 해전에서 전사하다

명나라와의 화의가 결렬되자 일본은 1597년 1월 조선을 다시 침범하였다. 이에 조정에서는 이순신 대신 원균을 경상우수사 겸 경상도통제사로 임명하여 왜군을 막게 하였다.

일본군이 부산 근해로 쳐들어오자 도원수 권율은 원균에게 출전 명령을 내렸다. 이에 원균은 삼도수군 전 병력을 이끌고 출전하였으나, 서생포 및 가덕도 등에서 크게 패하고 말았다. 할 수 없이 조선 수군은 칠천량으로 물러나 정박하였다.

일본군은 치밀하게 전략을 짜 수륙 양면으로 조선 수군을 기습 공격하였다. 왜군은 도망가는 척하면서 수군을 멀리까지 유인하고 병선을 되돌려 한꺼번에 공격하였다.

깜짝 놀란 조선 수군은 허겁지겁 온나도로 후퇴하였으나 적들은 밤을 틈타 작은 배로 은밀히 조선 수군 진영 사이를 뚫고 들어왔다. 병선으로는 밖을 포위하고 있었다.

날이 밝을 무렵, 왜군은 조선 함선에 불을 지르며 사방에서 공격하여왔다. 탄환이 비오듯 날아다녔으며 고함소리가 하늘을 진동하였고 대세는 이미 왜군 쪽으로 기울고 있었다. 이에 경상우수사 배설이 먼저 12척을 이끌고 도망쳤고 조선 수군은 맥없이 무너졌다.

이 전투에서 전라우수사 이억기, 충청수사 최호, 조방장 배흥립 등이 모두 전사하였다. 원균도 김식과 함께 배를 버리고 육지로 탈출하였으나 왜군이 목을 베어 갔다. 1597년 7월 16일의 일로, 당시 원균의 나이 58세였다.

칠천량 해전의 참패로 일본이 남해 일원의 제해권을 장악하자 조정은 이순신을 다시 삼도수군통제사로 임명하였다.

**1999년 7월 16일**

## 탈옥수 신창원, 순천에서 검거

신창원은 1967년 5월 전북 김제에서 가난한 농부의 3남 1녀 중 막내로 태어났다. 그의 어머니는 그가 초등학교 1학년 때 사망하였다. 이후 그는 가난한 집안 사정 등으로 중학교 2학년 때 학업을 중단하였다.

신창원은 15세 때인 1982년 절도죄로 소년원에 들어간 것을 시작으로, 1983년에도 다시 절도죄로 징역 8월에 집행유예 1년을 선고받았다.

그리고 1989년 4월 1일 공범 4명과 함께 서울 성북구 돈암동 가정집에 침입, 주인을 흉기로 찔러 숨지게 하였다. 그해 9월 검거된 신창원은 강도치사죄로 무기징역형이 확정돼 서울 구치소와 청송 교도소 등을 거쳐 1994년 11월 부산 교도소로 이감되었다.

그러나 1997년 1월 20일 신창원은 쇠톱날로 감방 화장실 쇠창살을 썰고 탈옥을 감행하였다. 이후 그는 2년 6개월 동안 서울과 부산을 50번도 넘게 오가며 130여 차례 강 · 절도 행각을 벌였다. 경찰은 그를 눈앞에 두고도 13차례나 놓쳤다.

신창원은 1999년 7월 16일 순천시 금당 대주아파트에서 검거되었다. 하지만 그 기간 동안 많은 경찰관이 체포에 실패한 책임을 지고 경찰에서 물러났다.

2012년 현재 그는 강도치사죄로 무기형을 선고받고 청송 제2교도소
에 수감돼 있다.

7월의
모든 역사

# 7월 17일

.
.
.

—

2003년 7월 17일

# 이두로 쓴 가장 오래된 백제 시가가 밝혀지다

—

宿世結業 전생에서 맺은 인연으로

同生一處 이 세상에 함께 났으니

是非相問 시비를 가릴 양이면 서로에게 물어서

上拜白來 공경하고 절한 후에 사뢰러 오십시오.

-「숙세가」

충청남도 부여군 부여읍 능산리에 있는 부여 능산리 사지는 백제가 사비로 천도하면서 조성한 왕실 사찰의 절터이다.

1992년부터 2000년까지 국립 부여 박물관에서 6차례에 걸쳐 조사를 진행하여 사찰의 구체적 현황을 파악하였다. 이 절터는 중문 · 목탑 · 금당 · 강당이 남북 일직선상에 배치된 일탑일금당一塔一金堂의 전형적인 백제식 가람伽藍 배치를 이루고 있다.

1993년에 진행한 제2차 발굴 조사 때 중심부의 심초석 위에서 국보 제287호로 지정된 백제금동대향로가 출토되었다. 또한 1995년 제4차 발굴 조사에서는 목탑지 심초석 하부에서 국보 제288호로 지정된 백제창왕명석조사리감百濟昌王銘石造舍利龕이 발견되었다. 이 문장을 통하여 백제 창왕 13년(567)에 왕실 주도하에 사찰이 조영되었음을 알 수 있게 되었다.

이밖에도 와전류, 토기류, 금속류, 목제류 등 다수의 유물이 출토되었다. 특히 30여 점의 목간이 출토되었는데, 이것이 한 국어학자의 눈길을 끌었다.

2003년 7월 17일 서울시립대 국문학과 김영욱 교수는 충남 부여 능산리 사지에서 출토된 길이 12cm의 목간에 쓴 「숙세가宿世歌」가 이두로 표현된 가장 오래된 백제 시가라는 것을 밝혀냈다.

목간木簡은 종이가 발명되기 전부터 문자를 기록하기 위해 사용된 방법으로 나무껍질 등에 글자를 쓰는 것이다. 대나무에 글자를 쓰는 것은 '죽간竹簡'이라고 부른다.

이 목간에는 16자의 한자가 적혀 있었다.

宿世結業同生一處是非相問上拜白來
숙세결업동생일처시비상문상배백래

김 교수는 「숙세가」가 4언 4구의 운문 형식으로, 공식 문서가 아닌 정서적인 내용을 담고 있으며 마지막으로 불교의 연기론을 바탕으로 한 신라 향가 초기의 형태와 비슷하다는 것을 근거로 들었다.

고대 시가들은 4언 4구체로 만들어진 것이 많다. 「구지가」「황조가」 「공무도하가」 등도 4언 4구체고, 향가도 초기에는 4구체로 만들어졌다. 「숙세가」도 4언 4구체로 만들어져 있으며 당대인이 만든 시구로 그 역사적, 문학적 가치가 비할 데 없이 높다.

이두는 신라 시대에 발달된 문자로 한글보다 역사가 오래됐으며, 백제에는 사용되지 않았다는 것이 기존 학계의 정설이었다. 그리고 이전까지 알려진 유일한 백제 시가는 15세기 이후 문헌인 『악학궤범』에 기록된 「정읍사」였다.

하지만 6~7세기 삼국 시대의 노래 「숙세가」의 발견으로 백제의 가장 오래된 현전하는 시가가 바뀌게 되었다.

---

1392년 7월 17일

# 이성계, 조선을 건국하다

---

고려의 우군 도통사 이성계는 위화도 회군을 통해 쿠데타로 정권을 잡았다. 그는 고려의 마지막 왕이었던 공양왕의 왕위를 물려받아 새 왕조를 건국하였다. 1392년 7월 17일의 일이었다. 그 왕조의 이름은 조선이었다.

조선朝鮮은 땅이 동쪽에 있어 해 뜨는 곳이라는 뜻이다. 통상 조선 왕조朝鮮 王朝라고 하며, 내부적으로는 대조선국大朝鮮國이라는 명칭을 어보御寶, 국서國書 등에 사용하였다. 단군왕검이 세운 나라와 구분하기 위해 이를 고조선古朝鮮이라 하였다.

이후 조선은 1910년까지 8월까지 500여 년 동안 존속하면서 한반도 지역을 통치하였다.

조선은 유교에 의한 통치 이념을 기본으로 임금과 신하에 의한 법치를 중요시 여겼다.

조선 시대 동안 한글의 창제와 과학 기술 및 농업 기술의 발달 등이 이루어졌다. 또한 임진왜란을 비롯한 여러 외침을 극복하여 현재 우리나라 전통문화의 기반을 형성하였다.

* 1393년 2월 15일 '국호를 조선으로 정하다' 참조
* 1388년 5월 22일 '이성계, 위화도 회군으로 실권을 장악하다' 참조

**1948년 7월 17일**

# 제헌절 제정

1948년 5월 10일 우리나라 역사상 처음으로 총선거를 실시하여 198명의 국회의원을 선출하였다. 그리고 5월 30일 이승만을 임시의장으로 하는 우리나라 최초의 국회인 제헌국회가 소집되었다.

제헌국회는 헌법 제정이라는 본래의 사명을 다하기 위해 6월 29일 심의를 거쳐 30일에 제1독회, 7월 7일에 제2독회, 7월 12일에 제3독회를 종료하였다. 이로써 대한민국 헌법은 완전히 제헌국회를 통과하였다.

이 헌법안은 그 헌법의 규정에 따라 1948년 7월 17일에 공포되어 실시되었고, 이를 기념하여 7월 17일을 제헌절로 삼았다.

* 1948년 5월 10일 '제1대 국회의원 선거 실시' 참조

* 1948년 5월 31일 '우리나라 최초의 국회, 제헌국회 개회' 참조

7월의
모든 역사

# 7월 18일

■
．
■

—

1401년 7월 18일

# 태종, 신문고를 처음으로 설치하다

—

신문고를 치는 법은 고발 내용이 사실이면 들어주고 허위이면 죄를 준다. 절차를 밟지 않고 직접 상관에게 호소하기 위해 치는 자도 벌을 준다. 만일 지방 사람이 수령에게 호소하여 수령이 밝게 처리하지 못하면 관찰사에게 호소한다. 관찰사가 옳은 판단을 못하면 사헌부에 호소한다. 사헌부에서도 옳게 판단하지 못한 다음에야 쳐야한다. 이 때문에 관리가 백성의 송사를 판결할 때 임금에게 아뢸까 두려워하여 마음을 다해 정밀하게 규찰하여야 한다. 백성이 그 복을 받으니 실로 자손만대의 좋은 법이다.

-『태종실록 』

'세상 사람들이 동청의 죄가 태산 같은 데도 엄승상이 무서워 모두가 입을 다물었는데, 이제 엄승상이 저리 되었으니 동청도 볼일 다 본 사람이 아닌 가. 이럴 때 나도 꾀를 써서 내 뱃속을 좀 채우리라.'

냉진은 이렇게 결심하고 조정에 아뢰기 위해 등문고를 쳤다. 북소리를 들은 한 관원이 나와서 사유를 물었다. "소생은 북방 사람으로 계림에 다니러 갔다가 그곳 태수 동청이 백성을 못살게 굴고 재물을 탐내 빼앗는 것을 보고 분함을 이길 수 없어 감히 천자께 아뢰고자 하옵니다." 하며 냉진은 동청의 갖가지 악한 행동을 늘어놨다.

이것은 김만중의 『사씨남정기』에 나오는 한 대목이다. 여기서 주목하고 싶은 것은 냉진이 동청을 고발하기 위해 친 '등문고登聞鼓'이다.

우리가 잘 아는 '신문고申聞鼓' 제도가 바로 이 등문고와 관련이 있기 때문이다. 1401년 7월 18일 안성학장 윤조 등은 태종에게 '송나라 태조가 등문고를 설치하여 민의를 상달하게 한 제도를 본받아 등문고를 설치하소서'라며 상소를 올렸다. 이에 태종이 등문고를 설치하였다가 곧 신문고로 이름을 바꾸었다.

어느 시기나 비슷하겠지만 일반 백성들은 정부나 지방 수령, 또는 토호들에게 자주 착취와 피해를 당하였다. 그러나 '유권무죄有權無罪 무권유죄無權有罪'라고 권력을 쥔 자들의 불법은 대개 은폐되거나 가벼이 넘어가기 일쑤였다. 오히려 피해자를 가해자로 조작하여 처벌하는 일도 심심찮게 일어났다.

이렇게 되면 백성들의 분노는 높아질 수밖에 없고, 국가는 그것이 폭발하지 않도록 잘 조절해 주어야 한다. 태종은 바로 그런 장치로 신문고 제도를 선택하였다.

그러나 신문고가 꼭 이런 순수한 동기만으로 설치된 것은 아니다. 거기에는 정치적 반대 세력들을 색출하고 제거하려는 정치적 목적도 숨어 있었다.

신문고를 설치한 데에는 궁궐의 경계 강화라는 또 다른 측면도 무시할 수가 없다. 여말 선초의 혼란기에는 궁궐의 출입이 너무나 자유로워 문제가 많았다. 왕족과 대신들이 사병을 데리고 출입하는가 하면 부녀자들까지 임의로 드나들며 국왕에게 직접 청원할 정도였다.

이에 태종은 절차를 밟지 않고 고소하는 것을 강력히 금지하였다. 결국 신문고의 설치는 백성들의 억울함을 들어주면서도 궁궐의 무단 출입을 제약할 수 있는 조치였다.

신문고는 처음 국왕의 근위대인 순군에 설치되었다가 순군이 의금부로 바뀌면서 그 당직청에 설치되었다.

신문고를 울리려면 반드시 정해진 절차를 밟아야 하였다. 즉 청원의 경우 먼저 의정부에 고하되 그곳에서 처리를 하지 않아야 신문고를 치는 것이 가능하였다.

억울한 일을 호소하는 상소의 경우, 거주 지역의 수령을 거쳐 사헌부로, 그러고서도 억울하면 신문고를 두드릴 수 있었다. 고발은 주로 역모에 국한된 것으로 이때는 곧바로 신문고를 울릴 수 있었다. 사실 왕의 입장에서 보면 신문고의 역모에 대한 고발 기능은 큰 매력이었다.

신문고는 그 설립 취지는 좋았지만 실제로 큰 효과를 발휘하지는 못하였다. 그렇게 된 데에는 우선 신문고가 설치된 관청이 죄인들을 다스리는 의금부라는 것을 꼽을 수 있다. 일반인들은 그 근처에 가는 것만으로 괜히 주눅들 수밖에 없다.

또 신문고가 수도인 한양에만 있다 보니 지방민들에게는 그림의 떡이었다. 당시 교통 상황에서는 한양을 오고가는 일 자체가 어쩌면 더 힘든 일이었다.

까다로운 절차도 문제였다. 만일 절차를 어기거나 상소가 거짓으로 드러나면 오히려 처벌을 받았다. 한마디로 '혹 떼려다 혹 붙이는' 악수를 둘 우려가 있었던 것이다.

이러다 보니 신문고는 힘없는 백성보다는 대부분 한양에 사는 전현직 관리들이 주로 이용하였다. 그 사유라는 것도 토지나 노비의 소유권과 같은 일반 백성들에게는 배부른 투정들이었다.

신문고가 원래의 취지를 잃고 소수의 사적 이익에만 봉사하게 되자 자연히 그 필요성에 의문이 제기되었다. 그 결과, 상언과 격쟁이라는 새로운 수단이 신문고의 자리를 메꾸어 갔다.

상언上言은 문서로 국왕에게 글을 올려 호소하는 것이고, 격쟁擊錚은 왕이 행차할 때 징이나 북을 올려 직접 억울함을 토로하는 것이었다.

그러나 신문고의 정신은 살아남아 인터넷이 고도로 발달한 오늘 그 강한 빛을 발하고 있다.

---

1919년 7월 18일

# 일제, 조선 신사 창립을 공포하다

---

1919년 7월 18일 일제는 내각고시 제12호로 조선 신사 창립을 공포하고 부지 신정에 착수하였다. 일제는 식민지나 조차지에 예외 없이 관립 신사를 세우고 이를 중심으로 정신적 · 종교적 지배를 꾀하였다.

1910년 조선을 완전 지배하에 두게 되자 조선 총독부는 조선인도 일본 천황의 후손이라는 천황 이데올로기를 내세워 내선일체內鮮一體를 강조하였다. 그리고 이를 위한 실천적 방안으로 각 지역에 관립 신사를 건설하였으며 기존의 일본 거류민들이 건립한 민간 신사도 관공립회하여 지원하였다.

총독부는 1912년부터 조선 신사 설립 예산을 편성하고 기초 조사와 준비 작업을 거쳐 이날 일본 내각고시 제12호로 조선 신사 창립을 확정 · 공포한 것이다.

남산 한양 공원에 부지를 확보한 일제는 1920년 5월 27일 기공식을 가졌다. 총부지 12만 7,900여 평 위에 총공사비 156만 4,852엔을 들여 정전 · 배전 · 신고 · 참배소 등 15개의 건물을 세우고 돌계단과 참도도 조성하였다. 신사에는 일본 건국 신화의 주신인 아마테라스 오미가미와 조선을 병탄하고 1912년에 죽은 메이지 왕을 들였다.

거의 공사가 완공되어 갈 무렵인 1925년 6월 27일 사격社格을 높여 조선 신궁으로 명칭을 바꾸고, 일본에서 '3종신기'를 가져와 예치하였다.

그해 10월 15일 신사가 완공되자 일제는 한국인들에게 참배를 강요하였다. 1930년대 이후 참배 압력이 점점 증대됨에 따라 참배자도 급증하여 1930년 38만 6,807명에서 1942년에는 264만 8,365명으로 늘어 났다.

---

**1904년 7월 18일**

# 「대한매일신보」 창간

---

"나는 죽더라도 신보는 영생케 해 한국 민족을 구하라."

-어니스트 베델

1904년 7월 18일 영국인 어니스트 베델을 발행인으로 하는 일간 신 문 「대한매일신보」가 창간되었다.

「런던 데일리 뉴스」 특파원 베델은 러일전쟁을 취재하기 위해 조선 에 왔다가 양기탁을 만나 신문 창간을 계획하고 1904년 6월 29일 견본 판을 만들었다.

양기탁은 이후 편집과 경영의 실질적 책임을 지고 주필에는 박은식, 논설에는 신채호 등 애국지사들이 참여하였다.

일본은 당시 영국과 동맹 관계에 있었기 때문에 초기에는 일제의 검 열을 피할 수 있었지만, 1908년 신문지법이 개정되면서 탄압을 받기 시작하였다.

하지만 「대한매일신보」는 굴복하지 않고 배일 논조를 더욱 강하게 밀어부쳤다. 이에 일본은 그해 6월 베델을 법정에 세웠다. 결국 베델은 3주일간의 금고형과 6개월간의 근신을 선고받았다.

「대한매일신보」는 종래의 신문 체제보다 큰 가로 27cm, 세로 40cm

의 크기로 발행되었다.

처음에는 국 · 한문 혼용으로 간행되었으나, 나중에는 한글판 · 국한문판 · 영문판의 3가지 신문을 1910년 8월 28일 종간될 때까지 발행하였다. 종간호의 지령은 국한문판이 제1464호, 한글판이 제938호였다. 1905년 8월 11일부터는 외국인을 위한 영문판 「코리아 데일리 뉴스」를 따로 발간하였다.

하지만 베델은 1909년 5월 36세의 젊은 나이로 갑자기 죽고 말았다. 이듬해에는 양기탁마저 자신이 이 신문에서 손을 떼었다는 광고를 게재하고 「대한매일신보」를 떠나고 말았다.

「대한매일신보」는 자주 독립과 국권 회복을 위한 발자취일 뿐만 아니라 언론사 · 문학사 · 독립운동사 연구에서 중요한 의미를 갖는다.

이후 「대한매일신보」는 해방 직후인 1945년 11월 22일 그 지령을 계승하면서 「서울신문」으로 재탄생하였다.

2004년에는 우리나라 언론 최초로 창간 100주년을 맞이하였다.

---

1989년 7월 18일

## 영화배우 강수연,
## 모스크바 영화제에서 여우주연상 수상

---

1989년 7월 18일 영화배우 강수연이 임권택 감독의 「아제아제 바라아제」로 제16회 모스크바 영화제에서 여우주연상을 수상하였다.

모스크바 영화제는 영화 예술의 발전과 국제적인 우호 증진을 위해 1959년 창설된 공산권 최대의 영화제이다.

행사 기간은 7월경이며 체코의 카를로비바리 영화제와 격년제로 번갈아 연다. 시상 부문은 대상, 심사위원 특별상, 남여주연상 등 4개 부문이다.

강수연은 이미 1987년 44회 베니스 영화제에서 임권택 감독의 영화 「씨받이」로 최우수 여우주연상을 받아 '월드스타'로 대접받았다.

그녀는 모스크바 영화제에서 다시 한 번 여우주연상을 수상함으로써 국내 최고의 배우로 자리매김하였다.

7월의
모든 역사

# 7월 19일

# 660년 7월 19일

# 백제가 멸망하다

의자왕은 처음 즉위했을 때는 무척 총기가 넘쳤다. 그는 즉위 이듬
해 대대적인 공격으로 신라 서부의 40여 성을 함락시켰다. 특히 김
춘추의 사위 품석이 지키던 대야성의 함락은 신라를 충격과 공포
로 몰아넣었다. 그러나 신라 북부 지역에서 큰 승리를 거둔 이후 의
자왕은 음란과 향락에 빠졌다. 이때부터 백제의 위기가 시작되었
다. 결국 660년 신라와 당나라가 동과 서 양쪽에서 공격해 오자 백
제는 계백의 마지막 분전도 헛되이 지도에서 사라져 갔다.

고구려가 북쪽에서 중국의 수나라 및 당나라와 치열한 전투를 벌이고 있는 동안 한반도 남쪽에서는 백제와 신라가 툭하면 으르렁거렸다. 두 나라의 관계가 악화된 데에는 그럴 만한 사정이 있었다.

551년 성왕은 신라와 연합해 고구려를 공격, 한강 하류의 옛 백제 땅을 탈환하는 데 성공하였다. 백제로서는 실로 감격할 만한 일이었다.

하지만 어렵게 찾은 그 땅을 신라의 기습으로 다시 잃게 되자 백제의 허탈과 분노는 극에 달하였다. 이에 성왕이 관산성을 공격해 크게 복수전을 벌였는데, 오히려 신라군에게 잡혀 참수를 당하고 말았다. 이 때문에 백제와 신라 사이에는 극복하기 힘든 깊은 감정의 골이 형성되었다.

성왕의 전사 이후 백제는 신라에 대해 계속 공격적으로 나갔다. 641년 의자왕이 즉위하면서 그것은 더욱 격렬해졌다. 그는 '해동증자'라는 별칭과는 달리 무척 야심이 많고 저돌적인 인물이었다.

즉위 이듬해 7월에 의자왕은 친히 군사를 이끌고 신라의 서쪽 지방을 공격해 미후성 등 40여 성을 일거에 떨어뜨렸다. 의자왕은 기세를 놓치지 않고 다시 한 달 뒤 윤충에게 1만 명의 군사를 주어 대야성을 공격케 하였다.

이곳은 백제 공략을 위한 신라의 중요한 근거지였다. 그것은 김춘추의 사위 김품석이 이곳의 성주였던 사실만 봐도 알 수 있다.

이때 대야성은 김품석이 부하인 검일의 아내를 빼앗아 그의 미움을 사고 있었다. 백제가 공격해 오자 검일은 기다렸다는 듯이 창고에 불을 질렀다.

순간 성 안은 난장판이 되어 우왕좌왕 갈피를 잡지 못하였다. 이미 대세가 기울었음을 직감한 김품석은 목숨을 보장받는 조건으로 항복을 제의하였다. 윤충이 이를 수락하자 김품석은 죽죽의 반대를 물리치고 성문을 열어 주었다.

하지만 윤충은 약속을 어기고 항복한 신라군을 모조리 죽여 버렸다. 그때서야 속았다는 걸 깨달은 김품석은 먼저 처자를 죽이고 자신의 목을 찔러 죽었다.

김춘추는 이 비보를 듣고 "기둥에 기대서서 종일토록 눈을 깜짝이지 않고 사람과 물건이 앞을 지나가도 알아보지 못했다."고 말하였다. 그야말로 신라에게 대야성 함락은 청천벽력과 같은 소식이었다.

대야성의 함락으로 신라는 부득이 방어선을 낙동강 동쪽으로 옮겼다. 백제의 파상적인 공격에 위기를 느낀 신라는 외교에서 돌파구를 찾았다. 김춘추는 먼저 고구려에 찾아가 도움을 청했지만 죽령 이북의 한강 유역을 반환하라는 연개소문의 반격만 받았다.

게다가 고구려와 백제가 당과의 연결 통로인 당항성을 공격하자 신라는 당과의 동맹이라는 마지막 카드를 꺼내들 수밖에 없었다. 역시 김춘추가 해결사를 자처하여 당에 들어갔는데, 이 거래는 양측의 이해가 맞아떨어져 쉽게 성사되었다.

654년 신라에서는 진덕여왕이 죽고 김춘추가 새로이 왕위에 올랐다. 그의 즉위로 신라와 당은 더욱 밀착되었다. 대야성 전투 이후 일진일퇴를 거듭하며 신라를 괴롭히던 백제는 655년 신라 북부 지역에서 30여 성을 함락시키는 큰 승리를 거두었다.

이에 신라는 당나라에 들어가는 왕자 문왕을 통해 백제를 정벌하자는 강력한 뜻을 전하였다. 한편 의자왕은 이 싸움의 승리 이후로 예전의 총기는 어디론가 사라지고 음란과 향락에 빠져 허우적거렸다. 성충은 이를 간하다가 감옥에 갇혀 식음을 거부하다 굶어 죽었다.

드디어 660년 7월, 당은 고구려 정벌에 거듭 실패하자 신라와 함께 백제를 먼저 쓰러뜨리기로 결정하였다. 이에 소정방이 13만 명의 대군을 이끌고 수로를 따라, 김유신이 5만 명의 군대를 거느리고 육로를 통해 백제를 공격하였다.

의자왕은 급히 신하들을 모아 대책을 논의했지만 의견이 분분하였다. 그 사이 나당 연합군은 백강과 탄현을 거쳐 사비성으로 밀려들기 시작하였다. 의자왕은 급히 계백에게 5,000명의 결사대를 주어 황산벌에서 신라군을 막도록 하였다. 하지만 이미 전세는 기울어진 상태였다. 계백은 황산벌에서 최후까지 싸우다가 장렬하게 전사하였다.

당군도 대항하는 백제군과 싸워 크게 물리치고 신라군을 기다렸다. 김유신이 당나라 진영에 이르자 7월 12일부터 백제의 도성 사비성에 총공격을 가하였다. 의자왕은 태자 효를 데리고 웅진성으로 피신하고 둘째아들 태가 스스로 왕이 되어 사비성을 지켰다.

그러나 셋째 융이 몰래 성을 넘어가 항복하자 성 안의 많은 백성들이 그를 따랐다. 이에 태도 더 이상 버틸 수 없어 문을 열고 항복하였다.

며칠 뒤 웅진으로 도망쳤던 의자왕도 다시 돌아와 항복하니 백제의 운명은 여기서 그 마침표를 찍고 말았다. 660년 7월 19일의 일이었다.

* 660년 7월 9일 '백제의 계백 장군, 신라와의 황산벌 전투에서 전사하다'
  참조

—

**1947년 7월 19일**

# 독립운동가 여운형, 암살당하다

—

독립운동가이자 정치인인 몽양 여운형이 좌우 합작 운동을 추진하던 중 1947년 7월 10일 혜화동 로터리에서 암살당하였다. 해방 정국 당시의 정치적 혼란을 극복하고 좌우 합작으로 통일 정부를 수립시키려고 노력하다가 한지근에 의해 암살당하고 만 것이다.

여운형은 1913년 중국으로 건너가 난징 진링金陵대학에서 영문학을 공부했으며, 1919년 임시정부의 1차 내각에 참여하였다. 1920년 고려 공산당에 가입, 1921년 모스크바에서 열린 원동 피압박 민족 대회에 참석하여 우리나라의 사정을 세계에 호소하였다. 1929년 제령 위반죄로 3년간 복역하고 출옥한 뒤 「조선중앙일보사」 사장에 취임하였다.

1936년 신문이 일제에 의하여 정간되자 사임한 후 1944년부터는 비밀결사인 조선건국동맹을 조직하였다. 조국이 광복을 맞은 뒤에는 안재홍 등과 함께 건국준비위원회를 조직해 조선인민공화국을 선포하였다. 그러나 우익 진영의 반대와 미군정의 불인정으로 실패하였다.

1945년 12월에는 건국동맹을 조선인민당으로 전환시켜, 진보적 민주주의를 표방한 대중정당을 조직하였다.

한편 1946년 1월 좌익의 집결체인 민주주의민족전선의 결성에 참여하였으며, 5월부터 중간우파를 대표하는 김규식과 함께 좌우 합작을 주도하였다.

그는 박헌영이 주도하는 3당 통합에 반대, 남로당에 참여하지 않고 근로인민당을 결성하는 등, 중간좌파로서 민주적 사회주의 건설과 통일 정부의 수립을 위해 좌우 합작 운동을 주도하다가 암살당했다.

그의 사회주의 정치 노선은 박헌영의 투쟁적이고 비타협적인 성향과는 달리 좌우 통합적이었다. 통일 정부 수립이란 측면에서 볼 때 그의 정치 노선은 융통성이 있었고 당시의 정치 상황에 적절했다고 평가할 수 있다.

그는 이념적 정치적 입장을 내세우기보다는 현실 문제를 타개하는 방안에 중점을 두었다. 여운형에게 중요했던 것은 민족의 자주와 민주주의였다. 그는 외세에 대해서 대외 자주, 민족 내부에 대해서 민족 통일을 염원했던 현실을 가장 중시한 정치인이었다.

그러나 미국과 소련이라는 강대국의 영향력 속에서 좌우 이데올로기의 전장이 되어 버린 당시 우리나라에서 여운형이 설 자리는 그만큼 좁았던 것이다.

\* 1886년 4월 22일 '독립운동가 여운형 출생' 참조

---

1945년 7월 19일

## 일제, 조선기독교단 발족

---

1945년 7월 19일 일제가 기독교단을 통제할 목적으로 우리나라 내의 모든 개신교단을 강제로 병합하여 조선기독교단을 만들었다. 조선기독교단은 일본기독교단의 산하에 귀속되도록 강요를 받았다.

이 연합교단은 자발적 조직처럼 보였으나 우리나라 교계 내에서 당국에 의해 유일하게 공식적으로 인정되는 교회 조직이었다.

그러므로 이 교단은 조선총독부의 산하 조직이었으며 여기에 참여하지 않은 교계 인사나 교단은 발붙일 곳이 없게 되었다.

—

**1965년 7월 19일**

# 초대 대통령 이승만, 하와이에서 사망하다

—

우리나라 초대 대통령을 지낸 이승만이 1960년 4 · 19 혁명으로 하야하고 하와이로 망명했다가 1965년 7월 19일 사망하였다.

이승만은 1919년 3 · 1 운동 후 한성 임시정부와 상하이 임시정부의 대통령으로 선출되어 독립운동을 하였다.

해방 이후 대통령에 당선되자 장기 집권을 위해 수차례 정당하지 못한 방법의 과오를 범하여 결국 국민의 뜻에 따라 하야하였다.

7월 27일 가족장으로 장례식이 거행되었으며 국립묘지에 안장되었다.

\* 1875년 3월 26일 '초대 대통령 이승만 출생' 참조

7월의
모든 역사

———

# 7월 20일

■
·
■

## 1791년 7월 20일

# 실학자 안정복, 세상을 떠나다

대저 역사가가 가져야 할 자세는 계통을 철저히 밝히는 것, 찬탈자
와 반역자를 엄격히 평가하는 것, 시시비비를 공정하게 가리는 것,
충절을 기리는 것, 제도와 문물을 상세하게 살피는 것이다.

–『동사강목東史綱目』서문

안정복은 1712년 안극의 아들로 제천에서 태어났다. 그의 집안은 당시 중앙 정계에서 소외받는 남인 계열이라 관직과는 큰 인연이 없었다. 할아버지 서우가 비교적 성공하여 울산 부사에 오른 정도였다. 그나마도 영조 즉위 후 조정을 장악한 노론에 의해 탐관오리로 몰려 파직당하고 말았다.

이에 상심한 서우는 아들 극과 손자 정복 등 온 가족을 데리고 무주로 내려갔다. 이 사건의 충격은 상당히 커서 아버지 안극은 평생 처사로 일관했고 안정복 자신도 과거를 철저히 외면하였다.

할아버지 서우가 사망하자 안정복은 아버지를 따라 광주 덕곡리로 돌아왔다. 이때 벌써 스물다섯의 나이였다. 그는 어려서부터 경서와 사서 이외에도 천문 · 지리 · 의약 · 점복 · 불경 · 노자 · 소설 등 도대체 읽지 않은 것이 없었다. 그러다보니 '방술가'라는 소리까지 듣기도 하였다.

이렇게 박학다식을 추구하던 안정복은 광주로 돌아온 뒤 중국 여러 학자의 주장을 집대성한 『성리대전』을 접하면서 성리학에 집중하였다. 그 와중에 그는 제왕의 계통을 분류한 『치통도治統圖』와 『도통도道統圖』, 학문 지침서인 『하학지남下學指南』 등 다수의 글을 저술하였다.

성리학으로 학문의 방향을 바꾼 지 10년이 지나 뒤늦게 안정복은 인근 안산성촌에 거주하던 이익의 문하로 들어갔다. 이익과의 학문적 교류는 안정복의 사상에 많은 영향을 끼쳤다.

안정복의 명성이 점점 높아지자 조정에서는 그를 만령전참봉으로 불렀다. 이후 여러 관직을 거쳐 5년 후에는 사헌부 감찰이 되었다. 그러나 아버지가 사망하자 벼슬을 버리고 다시 광주로 내려갔다.

안정복은 43세 되던 1754년부터 『동사강목』의 집필에 들어가 5년 만에 그 초고를 완성하였다. 그는 초고를 완성한 뒤 스승 이익과 여러 차례 의견을 교환하면서 내용을 수정 보완하였다. 1778년에 비로소 안정복 자신이 쓴 서문이 작성되면서 비로소 명작을 위한 긴 여행이 끝이 났다.

안정복이 『동사강목』을 저술한 이유는 기존의 우리 역사서들에 대한 커다란 불만 때문이었다. 즉 그간의 책들은 사료의 수집이 충실하지 못하고 서술이 의례에 어긋나 시비를 잘 가리지 못했다는 것이었다.

안정복은 우리가 우리의 역사를 제대로 알지 못하는 것을 개탄하며 우리의 역사를 자주적인 체계를 세워 서술하는 데 노력하였다. 그는 정통 문제를 중요시하였는데, 그 기준을 국력이 아닌 도덕성과 혈연에 두었다. 그는 이러한 입장에서 우리 역사의 정통을 단군-기자-마한-통일신라-고려로 규정하였다. 이것이 유명한 '삼한정통론三韓正統論'이다.

위만조선은 위만이 왕위를 찬탈한 도적이라 삭제했고 삼국시대는 무통의 시대로 간주하였다. 다만 발해를 우리의 역사로 인정하지 않은 점은 한계로 지적된다.

그는 61세에 긴 공백을 깨고 다시 관직 생활을 시작하였다. 뒤에 정조가 되는 세손의 교육을 맡아 그 인연으로 65세에 목천현감으로 나갔다. 여기서 안정복은 동약의 실시, 방역소 설치, 향약과 향사례의 권장, 기아의 구제, 세금의 감면 등 선정을 베풀었다.

이에 목천의 백성들이 곳곳에 송덕비를 세우자 안정복은 이를 모두 뽑으라고 지시하였다. 그러자 자그마치 한 수레의 비가 나왔다고 한다. 그의 품성을 능히 짐작케 하는 일화이다. 그는 73세부터 저술과 후진 양성으로 말년을 보내다가 1791년 7월 20일 여든의 나이로 눈을 감았다.

그는 관리로서는 그리 두각을 나타내지 못했지만 학문적으로는 큰

성취를 누렸다고 할 수 있다. 특히 『동사강목』은 후일의 모든 역사가가
필독서로 꼽을 만큼 전문성을 인정받고 있다.

—

**1932년 7월 20일**

# 비디오 아티스트 백남준이 태어나다

—

"예술은 사기이고, 내가 만드는 비디오는 재미없는 반反 헐리우드적 쇼다."

-백남준

1932년 7월 20일 비디오 예술가 백남준이 태어났다. 그는 일본 도쿄
대학교에서 미학과 미술사를 전공하였다.

1956년 유럽을 여행하다가 아방가르드 음악과 퍼포먼스에 대한 관
심을 가지고 지속적으로 연구하고자 독일에 정착하였다.

1958년 백남준은 다름슈타트 하계 현대 음악 캠프에서 현대 음악의
거장 존 케이지와 운명적으로 만나게 되었다. 이후 그는 케이지로부터
작곡과 퍼포먼스에 영향을 받아 커닝햄 등과 전위음악 활동을 하였다.

백남준은 1963년 독일에서 열린 첫 개인전 '음악 전람회-전자 텔레
비전'에서 텔레비전 매체에 대한 그의 관심을 선보였다. 이 전시는 텔
레비전을 기계적으로 조작한 작품, 관객과 상호작용하는 비디오 작품
들로 구성되어 있어 비디오 아트의 기념비적인 사건이 되었다.

이후 그는 40여 년간 수많은 개념과 기계적 발명을 통해 전자 이미
지가 미술의 영역으로 수용되는 데 중요한 역할을 하였다.

1984년에는 파리와 뉴욕을 통신위성으로 연결하는 「굿모닝 미스터

오웰」을 기획, 지휘하였으며, 1986년에는 비디오 아트 프로그램인 '바이바이 키플링Bye Bye Kipling'을 한국 · 미국 · 일본에서 텔레비전을 통하여 동시에 중계하기도 하였다.

대표작으로는 「비디오 신시사이저」 「TV 부처」 「달은 가장 오래된 TV다」 「다다익선」 「전자 초고속도로 : 미국 대륙」 등이 있다.

백남준은 2006년 1월 30일 74세를 일기로 사망하였다. 2008년 10월 경기도 용인시에 백남준 아트센터가 공식 개관하였다.

---

1907년 7월 20일

## 고종 황제, 강제로 황제 자리를 물려주다

---

헤이그 밀사 사건을 책임지라는 일제의 요구에 견디다 못한 고종 황제는 결국 황제 자리를 아들 순종에게 물려주었다. 1907년 7월 20일의 일이었다.

7월 17일부터 일제의 조종을 받은 이완용, 송병준 등의 친일파는 어전회의에서 고종의 퇴위를 강요하였다. 특히 친일파인 송병준은 고종에게 협박과 폭언도 서슴지 않았다.

"헤이그 밀사 사건의 책임은 폐하께 있습니다. 친히 도쿄로 가서 천황께
사죄하든지 그렇지 않으면 대한문 앞에서 맞아 면박의 예를 다하십시오.
이 두 가지를 차마 못한다면 일본에 선전포고할 수밖에 없습니다."

그 후 내각은 일치하여 왕위를 황태자에게 넘기도록 할 것을 결의하

였다. 그리고 제3차 어전 회의에서는 이병무가 칼로 고종을 위협하였다. 시달리던 고종 황제는 19일 새벽 3시, '대사를 황태자에게 대리시킨다'는 황태자 섭정 조칙에 승인하였다.

그러나 일제와 이완용, 송병준 등 친일 각료들은 이 조칙을 '양위'로 왜곡하여 발표하였다. 결국 7월 20일 양위식이 강행되어 순종이 즉위하였다.

그런데 이 양위식은 조선 왕조 역사상 가장 기이한 행사였다. 황제 자리를 물려주는 고종 황제도, 이어받을 순종 황제도 참석하지 않은 자리였기 때문이다. 대신 환관 두 명이 대역으로 동원돼 용상에 앉았고, 대신들이 하례를 올렸다.

* 1907년 6월 25일 '을사조약의 불법성을 알리기 위한 고종 밀사 3명, 헤이그 도착' 참조
* 1919년 1월 21일 '고종, 덕수궁에서 승하' 참조

7월의
모든 역사

# 7월 21일

■
·
■

## 1897년 7월 21일

# 동학 교주 최시형이 혹세무민죄로 사형을 당하다

1991년 임권택 감독이 영화 「개벽」을 발표하였다. 이 영화는 최장 기간의 촬영과 1만여 명이 넘는 엑스트라 그리고 당시로서는 거액인 14억 원의 투자로 개봉되기 전부터 크게 주목을 끌었다. 더군다나 도올 김용옥이 시나리오를 집필했던 터였다.

하지만 흥행에서는 기대만큼 큰 성공을 거두지 못하였다. 이 영화가 그리는 내용은 이미 제목에 절반은 나와 있다. '개벽'은 주로 동학도들이 사용했던 용어이기 때문이다. 바로 동학의 2대 교주 최시형의 일대기를 그리고 있는 것이다.

1861년 최시형은 동학을 창시하고 포교 활동을 벌이던 최제우를 만나 동학에 들어갔다. 이 무렵 경주는 동학교도들의 주문 읽는 소리로 동네가 시끄러웠다.

그러나 동학을 사교詐巧라며 정부에서 탄압하자 최제우는 호남으로 잠시 피했다가 다시 경주로 들어와 숨어 지냈다. 이때 최시형은 매달 네 번씩은 최제우를 찾아가 가르침을 받았고 얼음물로 목욕을 하며 열심히 수련하였다.

이에 최제우는 1863년 그에게 영덕 지방을 포교하라는 각별한 지시를 내렸다. 최시형은 곧 영덕, 홍해, 예천 등지에서 '검악포덕'이라는 별칭을 얻을 만큼 인상적인 설교를 행하며 많은 신도들을 끌어 모았다.

최제우는 그를 다시 북접의 주인으로 임명하고 해월海月이라는 호를 내렸다. 그리고 "후천개벽의 운은 반드시 최시형에게서 나올 것"이라며 도통을 전수하였다. 그해 12월 최제우가 체포되자 최시형은 대구에 잠입하여 관헌들의 눈을 피해 옥바라지를 하였다.

그러나 관에서 최시형도 노리고 있다는 걸 눈치 챈 최제우는 그에게 "고비원주高飛遠走"라는 글귀를 보냈다. 재빨리 멀리 달아나라는 것이다. 최시형은 스승의 지시에 따라 길고도 고단한 도망살이를 시작하였다. 동학을 보존하기 위해선 자신이 살아 있어야 한다는 책임감 때문이었다.

최시형은 관헌에게 쫓기자 태백산의 깊은 산 속으로 들어갔다가 평해, 울진, 영양 등지의 교도집을 전전하면서 포교를 멈추지 않았다. 그는 항상 보따리에 스승 최제우의 말씀을 가지고 추격을 피해 다녀 '최보따리'라는 별명도 얻었다.

그러다가 그는 교도들이 많이 살고 있는 영양의 용화동으로 거처를 옮겨 본격적인 동학의 재건에 들어갔다. 최시형은 『동경대전』과 『용담

유사』를 통째로 외우고 있었는데, 그것을 구술하여 베끼게 함으로써 다시 경전을 복구할 수 있었다.

또 봄과 가을에 교주의 제사를 지내기 위한 계를 조직해 신도들을 결집시켰다. 그러나 1871년 이필제의 과격한 교조 신원 운동으로 동학은 다시 된서리를 맞았다.

하지만 최시형은 조정에서 개항 등으로 감시가 느슨해진 틈을 타 강원도를 중심으로 포교에 전념하였다. 1880년대에는 충주, 단양, 옥천 등을 중심으로 포교를 펼쳐 이 지역의 동학교도가 급속히 늘어났다.

손병희나 손천민 같은 인재도 이때 얻었다. 이런 노력으로 교세가 비약적으로 확대되자 1885년 5월 보은군 장내리로 본거지를 옮겼다.

한편 최시형은 교단을 체계적으로 정비하여 교노의 1단을 포(包)로 하고 그것을 통솔하는 자를 접주接主, 그 위에 도접주都接主를 두었다. 그리고 각 포에는 이른바 6임제를 실시하여 교장 · 교수 · 도집 · 집강 · 대정 · 중정의 6가지 임무를 나누어 담당케 하였다.

1890년대에 들어서면서 동학은 합법적으로 교조 신원 운동을 벌이기 시작하였다. 삼례취회나 광화문 복소 등이 그것이다. 이들은 최제우의 억울한 죽음을 풀어달라는 것과 동학도의 재산을 함부로 빼앗지 말라는 두 가지를 집중적으로 요구하였다.

이것이 탄압을 받자 최시형은 1893년 3월 보은에서 20일 동안 대대적인 집회를 열었다. 그러나 1894년 고부군수의 폭정을 못 이겨 전봉준을 중심으로 동학이 일어났을 때 최시형은 이를 막았다. 실패하면 교단이 깨질 우려가 있어서였다. 그러나 2차 봉기 때는 최시형도 가담을 결정하였다.

그러나 일이 실패로 돌아가자 최시형은 다시 기약 없이 쫓기는 신세가 되었다. 그는 강원도로 달아나 인제, 홍천을 헤매다가 1895년 말 치악산 아래 수레촌으로 들어갔다. 거기서 손병희를 대도주로 삼아 도통을 넘겼다. 1898년 홍천에서 은신하다 가까스로 체포를 면했던 최시형은 결국 송경인의 밀고로 원주에서 체포되었다.

그리고 1897년 7월 21일 수많은 사람들이 지켜보는 가운데 혹세무민이라는 죄명으로 형장의 이슬로 사라졌다. 그는 비록 동학의 교주였지만 사회개혁을 위한 운동가로서도 그 이름을 빛냈다. 최시형은 평소 이런 말을 즐겨 썼다고 한다.

"우리 민족에게 두 가지 큰 폐풍이 있으니 그것은 적서의 차별과 반상의 차별이다. 적서의 차별은 집안이 망하는 원인이요, 반상의 차별은 나라가 망하는 원인이다."

* 1860년 4월 5일 '최제우, 동학을 창시하다' 참조
* 1864년 3월 10일 '동학의 창시자 최제우 처형되다' 참조
* 1893년 3월 10일 '동학 교도, 대규모 집회 개최' 참조

1602년 7월 21일

# 문묘 대성전이 재준공되다

임진왜란 때 불타 소실된 문묘 대성전이 성균관 유생들의 모금으로 1602년 7월 21일 다시 준공되었다.

문묘文廟는 유교를 집대성한 공자와 그의 제자 및 우리나라와 중국 대유의 위패를 모시고 봉향하는 사당 건물이다.

문묘는 조선 태조 때인 1398년 창건되었으나 정종 2년(1400)에 불타 버렸다. 이에 태종 7년(1407)에 다시 지었는데 이 건물마저도 임진왜란의 와중에 거의 대부분 소실되고 말았다. 이를 안타깝게 여긴 성균관의 유생들이 전국적으로 모금 운동을 벌여 이날 대성전이 준공된 것이다.

이어서 1603년과 1604년에 걸쳐 동무 · 서무 · 신문 · 중문이 중건되었으며, 1606년에는 명륜당과 동재 · 서재를 중건 확충하였다.

인조 4년(1626)에는 정록청 · 존경각 · 양현고 등을 재건하였으며, 고종 6년(1869)에 한 차례 보수를 거쳐 현재에 이르고 있다.

문묘는 정전인 대성전과 그 앞마당 좌 · 우의 동무와 서무, 그리고 삼문으로 구성되어 있다. 현재 문묘 대성전에는 공자를 비롯하여 4성 · 10철 · 6현 그리고 우리나라의 18현을 봉향하고 있다. 중앙 정위에 공자를 모시고, 그 앞에 동쪽으로 안자와 자사를, 서쪽으로 증자와 맹자를 배열하였다.

우리나라 18현은 동쪽 제일 후열에 설총 · 안유(안향) · 김굉필 · 조광조 · 이황 · 이이 · 김장생 · 김집 · 송준길을, 서쪽 제일 후열에는 최치원 · 정몽주 · 정여창 · 이언적 · 김인후 · 성혼 · 조헌 · 송시열 · 박세채

등이 배열되어 있다.

문묘 대성전은 1963년에 보물 제141호로 지정되었다.

**1817년 7월 21일**

# 추사 김정희,
# 북한산 신라 진흥왕 순수비를 판독하다

1817년 7월 21일 금석학의 대가 추사 김정희는 북한산비가 신라 진흥왕의 순수비임을 밝혔다. 이 비는 한강 유역을 차지한 진흥왕이 통치 10년인 555년 10월 북한산을 순행하여 강역을 확정하는 뜻으로 세운 비석이다.

진흥왕은 북한산을 순수하고 돌아오는 길에 통과한 여러 고을에 1년 간의 세금을 면제해 주는 한편 특별사면을 베풀어 사형수 이하의 죄수들을 석방하도록 조처를 취하였다.

이 비석은 건립 후 오랫동안 사람들의 기억에서 잊혀 무학대사의 왕심비 또는 글자가 없는 소위 몰자비로 알려져 왔다.

그러다 19세기 초 김정희가 승가사에 들렀다가 이곳에 찾아와 이끼로 뒤덮인 비면을 닦아내고 판독함으로써 진흥왕 순수비임이 알려졌다.

김정희는 『예당금석과안록』 『진흥

**북한산 진흥왕 순수비**

왕이비고』같은 역사적인 저술도 남겼다.

* 561년 2월 1일 '신라 진흥왕, 창녕에 순수비를 건립하다' 참조

1996년 7월 21일

# 서울 소년 분류 심사원 원생 128명 집단 탈주

1996년 7월 21일 밤 8시 55분경, 경기도 안양시에 있는 서울 소년 분류 심사원 원생 128명이 집단으로 탈주하는 사건이 발생하였다.

소년 분류 심사원은 법원에서 위탁한 소년범들을 한 달 정도 수용해 성격, 소질, 태도를 종합적으로 판단하고, 그 자료를 재판부에 보내는 역할을 하는 곳이다.

주동자들은 심사원 2층 목욕탕에서 원생 4명이 싸우는 것처럼 위장하였다. 이들은 싸움을 말리러 직원 2명이 올라오자 직원들을 붙잡고 위협한 뒤 다른 원생들을 선동해 철제문의 자물쇠를 부수고 면회실로 내려갔다.

그리고 이어 면회실 유리창을 깨고 뛰쳐나와 철망으로 된 담을 뛰어 넘어 달아났다. 일부 원생들은 심사원 차량을 몰고 달아났다.

원생들 중 81명은 이날 자진 귀가하였으나, 나머지 47명은 안양 시내 등으로 달아나 경찰이 검거에 나섰다.

검찰은 23일 주모자 5~6명을 붙잡아 공무집행 방해죄로 구속영장을 신청하였다.

**1902년 7월 21일**

# 소설가 채만식 출생

1902년 7월 21일 소설가이자 극작가인 백릉 채만식이 전라북도 옥구에서 태어났다.

그는 중앙고보를 거쳐 일본 와세다 대학교 예과에서 공부하였다. 귀국 후 사립학교 교원과 「동아일보」 기자로 근무하다가 퇴사하여 향리에 머무르기도 하였다.

그는 1924년 단편 「새 길로」가 『조선문단』에 추천되어 문단에 등단하였다. 그가 쓴 290여 편의 작품은 당시의 현실을 반영하고 사회의 비리를 풍자 · 비판한 작품이 대부분이다.

그래서 그는 일제강점기의 작가 가운데 가장 투철한 사회의식을 지닌 사실주의 작가로 평가 받고 있다.

대표작으로는 『탁류』『레디메이드 인생』『치숙』 등이 있다.

1950년 그는 폐결핵으로 사망하였다.

7월의
모든 역사

# 7월 22일

## 1906년 7월 22일

# 이인직, 최초의 신소설 「혈의 누」를 연재하다

나라는 양반님네가 다 망하여 놓졌지요. 상놈들은 양반이 죽이면 죽었고, 때리면 맞았고, 재물이 있으면 양반에게 빼앗겼소. 계집이 어여쁘면 양반에게 빼앗겼으니, 소인 같은 상놈들은 제 재물 제 계집 네 목숨 하나를 위할 수가 없이 양반에게 매었으니, 나라 위할 힘이 있습니까. 입 한 번 잘못 놀려도 죽일 놈이니 살릴 놈이니, 오금을 끊어라 귀양을 보내라 하는 양반님 서슬에 상놈이 무슨 사람 값을 갖습니까. 난리가 나도 양반의 탓이올시다. 일청전쟁도 민영춘이란 양반이 청인을 불러왔답니다.

-이인직, 「혈의 누」

우리나라에서 '신소설'이라는 명칭은 1906년 2월 1일자「대한매일신보」에 실렸던『중앙신보』발간 광고에서 처음 나타났다. 거기에『명월기연明月奇緣』이라는 작품을 소개하면서 '신소설'이라는 딱지를 붙여 준 것이다. 그 부분을 소개하면 이렇다.

> "명월기연은 한운 선생의 저작인 재자가인의 상별재회와 일몰일란에 다정다한의 태를 현야 취미진진야 사독자로 부지염케 현대걸작의 신소설이오……."

그러다가 이인직이「혈의 누」를 단행본으로 펴낼 때 '신소설「혈의 누」'라고 밝히면서 보편적인 용어로 자리 잡았다. 지금도 이인직의「혈의 누」가 최초의 신소설로 인식되는 것은 이것의 영향도 컸다.

이인직은 1862년 7월 경기도 이천에서 이윤기의 차남으로 태어났다. 그는 1900년 2월 마흔이 다 된 늦은 나이로 일본 유학길에 올라 도쿄정치학교에 입학하였다.

그는 여기서 고마츠라는 인물로부터 여러 나라의 정치제도와 국제법에 대한 강의를 들었다. 고마츠는 1906년 통감부의 외사국장으로 파견되어 한일 합방의 실무자로 활약하는 문제의 인물이었다.

그리고 조중응이라는 망명객이 함께 이 강의를 들었는데, 그는 나중 '매국칠적'으로 불릴 만큼 골수 친일파였다. 이렇게 보면 이인직의 친일은 이미 이때 예정되어 있던 셈이다.

1903년 2월 대한제국 정부는 일본 망명객들과의 연결을 꺼려 대거 유학생들을 소환하였다. 그러나 이인직은 이를 거부하고 한 신문사의 견습생으로 눌러앉았다.

1904년 러일전쟁이 발발하자 일제는 이인직을 1군사령부의 한국어 통역으로 임명하였다. 그 후 1905년 동아청년회라는 곳에 가입을 하게 되는데, 이 단체는 일본의 동아시아 지배를 적극 지지하는 모임이었다. 이를 통해 「혈의 누」에서 일본과 만주를 통합해 대大연방을 꿈꾸는 구완서는 바로 이인직 자신이었음을 알 수 있다.

1906년 2월 이인직은 친일단체인 일진회의 기관지 「국민신보」의 주필을 맡았다. 그런데 4개월 뒤 「만세보」가 창간되자 이인직은 다시 그곳의 주필로 옮겨갔다.

「만세보」는 일진회에 대항하고자 손병희가 재정을 지원하고 오세창이 사장을 맡은 민족지였다. 이인직은 여기에서 주필로 근무하면서 「혈의 누」를 소설로 연재하였다.

「혈의 누」는 청일전쟁으로부터 시작하여 그 후 10여 년에 걸쳐 한국 · 일본 · 미국을 무대로 옥련이가 겪는 기구한 운명을 그린 소설이다. 신교육, 자유 결혼 등을 통해 봉건성의 탈피와 개화의 필요성 등을 그 주제로 삼고 있다.

그러나 이 소설은 작품 곳곳에 친일적인 성향이 배어 있다. 우선 제목부터 그 냄새를 강하게 풍기고 있다. 「혈의 누」라는 것은 명사와 명사 사이에 꼭 '의の'를 집어넣는 일본식 어법을 따른 것이기 때문이다. 우리말에 충실한다면 '혈루'를 쓰거나 그냥 '피눈물'로 해야 한다.

내용상으로도 보면 청군에게는 가혹한 비판을 가하면서 일본군에게는 지나치게 우호적인 묘사를 시도하고 있다. 전쟁으로 길을 잃고 헤매는 옥련을 구해 주고 나중에 양딸로 삼아 유학까지 보내 주는 인물이 일본 군의관이란 것은 대단히 의미심장하다. 이것은 일본이 조선의 구원자라는 것을 은연중 암시하는 것이다.

「만세보」는 고종도 애독자로서 1,000원을 하사할 만큼 인기가 있었으나, 일제의 견제로 재정난에 빠져 1년 만에 폐간을 결정하였다.

그러자 이완용의 조종을 받은 이인직이 이를 사들여 「대한신문」으로 새로 발행하였다. 이 신문은 이완용 내각의 나팔수가 되어 친일 정책을 적극적으로 옹호하였다.

안중근이 민족의 원흉 이토 히로부미를 처치하였을 때는 한성에서 추도회를 떠들썩하게 벌이기도 하였다. 이런 그를 이완용은 심복 비서로 삼아 위에서 언급한 고마쓰와 합방 문제를 논의토록 하였다.

이후 한일 합방에 관한 문제는 급물살을 타 마침내 대한제국은 1910년 8월 29일 그 막을 내리게 되었다.

신소설 「혈의 누」로 명성을 한껏 누렸던 이인직은 이렇게 장막 뒤에서 그 추한 얼굴을 숨기고 있었다.

* 1906년 6월 17일 '「만세보」 창간' 참조
* 1910년 8월 29일 '한일 병합 조약이 맺어지다' 참조

—

1590년 7월 22일

# 통신사 황윤길과 김성일, 일본 도착

—

황윤길은 부산으로 돌아오자 급히 장계를 올려 왜국의 정세를 보고하면서 "반드시 병화兵禍가 있을 것입니다."고 말했다. 사신이 서울에 와서 복명復命을 할 때 임금께서는 그들을 불러 보시고 일본의 사정을 물으셨다. 황윤길은 먼저 보고한 대로 대답하였는데 김성일은 말하기를, "신은 그곳에서 그

러한 징조가 있는 것을 보지 못하였습니다."고 또, "황윤길이 사람의 마음

을 동요시키는 행동은 옳지 않다고 생각합니다."고 말하였다. 이에 의논하

는 사람들은 더러는 황윤길의 의견을 주장하고 또 더러는 김성일의 의견

을 주장하였다.

-유성룡, 『징비록』

1590년 7월 22일 선조가 도요토미 히데요시의 침략 야욕을 알아보

기 위해 파견한 통신사 황윤길과 김성일이 일본에 도착하였다. 선조는

통신사 일행으로 정사에 변조 참판 황윤길을, 부사에 부제학 김성일을,

서장관에 허성을 각각 임명한 바 있었다.

일본의 혼란을 수습한 도요토미 히데요시는 대륙 침략 야욕을 갖게

되었다. 그는 일단 조선을 침략하여 점령한 후에 명나라까지 진출하고

자 하였다.

이러한 의도 하에서 도요토미는 쓰시마 섬주에게 명하여 조선이 사신

을 일본에 보내 수호를 맺게 종용하도록 하였다. 이에 쓰시마 섬주는 가

신을 일본국 사신이라는 명목으로 조선에 파견하여 일본 국내 사정의

변화를 설명하고 조선과 일본의 수호, 통신사 파견을 요청하였다. 그러

나 그의 서신에 오만무례한 구절이 있어 조선 정부는 이를 거절하였다.

이에 도요토미는 쓰시마 섬주를 통하여 재차 교섭을 청하면서 교섭

이 뜻대로 안 되면 병화가 일어날지도 모른다고 침략의 뜻을 내보였다.

이에 조정에서는 오랜 논의를 거쳐 일본 실정을 살피기 위해서 통신사

를 파견하기로 의견을 모았던 것이다.

정사 황윤길 일행은 1590년 11월 도요토미를 만나 답서를 받았으며,

이듬해인 1591년 1월에 귀국하였다. 이들은 각자 귀국 보고를 하였는

데, 서인이었던 정사 황윤길은 일본이 많은 병선을 준비하는 것을 보니 조선을 침략할 의도가 분명하다고 보고하였다.

그러나 동인이었던 부사 김성일은 일본이 침입할 조짐은 전혀 보이지 않았다고 하였다. 두 사람의 보고가 서로 상반되자 조정의 의견도 둘로 갈라졌다.

당시 조정은 동인이 우세하였고 평화를 바라는 조정 대신들의 오행심이 겹쳐 대세는 김성일 쪽으로 기울었다. 조정에서는 각도에 명하여 성을 쌓는 등의 방비마저 중단하고 말았다.

1592년 봄 황윤길의 예견대로 임진왜란이 일어나자 선조는 그의 말을 좇지 않았음을 후회하였다. 반면 김성일은 임진왜란 이후 왜란을 불러온 장본인으로 매도되어 파직을 당하였다.

그러나 그는 당시의 발언에 대해 민심이 혼란해지는 것을 완화하려는 의도였다고 해명하였다. 일본이 틀림없이 침입하지 않으리라는 확신에서 나온 것이라기보다는, 일본의 침략 가능성을 장담한 황윤길의 발언으로 인한 백성의 혼란을 수습하고자 했다는 것이다.

실제 황윤길의 발언이 있은 직후 조정은 각지에 성을 쌓고 장정들을 징집하는 등 급작스런 대비책을 강구하였는데, 이는 당시 민심을 상당히 동요시켰다.

이에 상소를 올려 '오늘날 두려운 것은 섬나라 도적이 아니라 민심의 향배이니, 민심을 잃으면 견고한 성과 무기가 있어도 아무 소용이 없다'는 것을 내용으로 하여 내치에 힘쓸 것을 강조하였던 것이다.

1955년 7월 22일

# 서울지법, 박인수에게 무죄 선고

중학교를 중퇴한 박인수는 한국전쟁이 발발하자 해군에 입대하여 헌병으로 복무하였다. 그러나 그는 복무 중 사귀던 애인의 변심으로 타락하기 시작하였다.

이후 박인수는 해군 대위를 사칭하며 해군 장교 구락부, 국일관, 낙원장 등 고급 댄스홀을 드나들며 사교춤을 익혔다. 훤칠한 키에 미남자였던 그는 제대 후 1년 동안 반납하지 않은 신분증을 이용하여 대학생과 상류층 여성 70여 명을 만나 성관계를 가졌다.

이에 그는 혼인빙자 간음죄로 구속되어 재판을 받았다. 하지만 서울지법은 1심에서 박인수에게 무죄를 선고하였다.

"법은 정숙한 여인의 건전하고 순결한 정조만을 보호할 수 있다."는 취지에서였다. 실제로 1명을 제외하고는 나머지는 처녀가 아니었음이 드러났다.

그러나 박인수는 최종심에서 징역 1년이 선고되었다. 이 사건은 1950년대 당시의 사회에서는 여성의 순결성이 매우 중대한 문제였음을 보여 주는 사건으로 평가받고 있다.

7월의
모든 역사

# 7월 23일

.
.
.

## 1931년 7월 23일

# 소파 방정환, 고혈압으로 요절하다

우리가 피곤한 몸으로 일에 절망하고 늘어질 때에, 어둠에 빛나는 광명의 빛깔이 우리 가슴에 한 줄기 빛을 던지고, 새로운 원기와 위안을 주는 것도 어린이만이 가진 존귀한 힘이다. 어린이는 슬픔을 모른다. 근심을 모른다. 그리고 음울한 것을 싫어한다. 어느 때 보아도 유쾌하고 마음 편하게 논다. 아무델 건드려도 한없이 가진 기쁨과 행복이 쏟아져 나온다. 기쁨으로 살고, 기쁨으로 놀고, 기쁨으로 커간다. 뻗어 나가는 힘! 뛰노는 생명의 힘! 그것이 어린이다. 온 인류의 진화와 향상도 여기에 있는 것이다.

-방정환, 「어린이 찬미」

이 글은 여성 잡지 『신여성』에 실린 「어린이 찬미」의 일부분인데, 소파 방정환의 아동관이 구구절절 잘 드러나 있다.

누구보다도 어린이를 위해 헌신했던 방정환은 1899년 서울에서 미곡상을 운영하던 방경수의 장남으로 태어났다. 그럭저럭 먹고살 만하던 소파의 집안은 9세 때 아버지의 사업 실패로 당장 끼니를 걱정하는 신세가 되었다.

아버지는 입 하나라도 줄이려고 겨우 12세밖에 안 된 어린 누나를 시집보냈다. 그때 저 멀리 아스라이 사라져 가는 누나의 가마는 당시 어린 소파의 가슴을 후볐다.

아버지의 결정에 단 한마디 싫은 소리도 못하고 따라야만 했던 나약한 누나에 대한 그 아픈 기억. 이것은 훗날 소파가 어린이를 독립된 인격체로 바라보게 하는 계기가 되었다.

보통학교를 졸업하자 소파는 아버지의 뜻을 따라 선린상업학교에 들어갔다. 그러나 가계를 돕기 위해 2년 만에 중퇴하고 조선총독부 토지조사국에 취업하였다. 이것은 후에 소파를 친일파로 의심케 하는 작은 단서가 되었다.

게다가 소파小波라는 호가 그것을 부채질하였다. 일본의 저명한 아동문학가 이와야 사자나미와 이름이 같다는 것이다. 여기에 대해선 소파가 일본에 건너가기 이전에 'ㅅㅍ'이나 '잔물'과 같은 필명을 사용했다는 반론이 제기되었다. 여기서 'ㅅㅍ'은 소파의 이니셜이고 '잔물'은 소파小波의 우리말이다.

소파는 총독부에 들어간 지 얼마 안 되어 그곳을 그만두고 천도교 예배당을 부지런히 드나들었다. 여기서 손병희의 눈에 띄어 그의 셋째 딸 손용화와 결혼하였다.

1918년 소파는 장인 손병희가 운영하던 보성전문학교에 입학하는 데, 3·1 운동 때는 독립선언문을 돌리다 일본 경찰에 붙잡혀 일주일 동안 모진 고문을 당하였다.

1920년 소파는 돌연 일본으로 건너가 도요대학에서 아동 문제를 연구하였다. 이듬해 방학을 맞아 서울에 건너온 그는 '천도교 소년회'를 조직해 본격적으로 소년 운동에 나섰다.

1923년 3월 1일 소파는 월간 『어린이』라는 잡지를 창간하여 점점 그 보폭을 넓히기 시작하였다. 이어 아동 운동 단체인 '색동회'를 조직해 그 해 5월 1일 '어린이날' 기념식을 거행하였다. 그러나 '어린이날'은 방정환보다는 천도교 소년 회원이던 김기전이 주도해 제정한 것이라는 주장도 존재한다.

어린이날은 처음 5월 1일로 시작해서 5월 첫째 주 일요일로, 1937년 에는 아예 사라졌다가 1946년에 다시 5월 5일로 부활하는 변화를 겪었다. 이 과정에는 메이데이와 일제의 탄압, 좌우의 이념 대립 등 여러 가지 문제들이 얽히고설켜 있다.

한편 '어린이'라는 용어는 소파 방정환이 처음으로 사용하였다는 것이 지금까지의 정설이었다. 1920년 8월 『개벽』 3호에 실린 소파의 번역 동시 「어린이의 노래」가 바로 그것이다.

그러나 출판인 최덕교는 1914년 창간된 『청춘』에 이미 「어린이의 꿈」이라는 권두시가 실렸다며 그것을 부정하였다. 그리고 그는 비록 저자가 소개되지는 않았지만 『청춘』의 주관자가 최남선이므로 그가 지은 것으로 추정된다고 주장하였다.

소파는 바쁜 가운데서도 틈틈이 글을 발표하였다. 그는 1928년부터 는 일선에서 물러나 잡지와 동화 구연에 집중하였다. 그의 동화 구연은 너무도 재밌어서 어떤 아이는 자리를 못 뜨고 고무신에다 오줌을 쌌다고도 한다.

하지만 하늘은 이 재주 많은 인재를 오래 놔두질 않았다. 소파는 사무실에서 코피를 쏟고 쓰러져 2주일 만인 1931년 7월 23일 사망하였다. 그때 그의 나이 겨우 서른셋이었다. 비만으로 인한 고혈압이 그 원인이었다.

* 1923년 3월 1일 '순수 아동 잡지 『어린이』 창간' 참조

—

1995년 7월 23일

# 유조선 씨프린스호, 전남 여천군 해상에서 좌초

—

1995년 7월 23일 전라남도 여천군 남면 소리도 동쪽 8km 지점에서 호유해운 소속의 유조선 '시프린스호'가 침몰하는 사건이 발생하였다. 우리나라 최대의 유류 해양 오염 사고였다.

씨프린스호는 태풍 '페이'가 내습한다는 소식을 듣고, 안전을 위해 하역을 중단하고 원유 잔량을 적재한 채 부두에서 피항하던 중이었다.

하지만 높은 파도에 떠밀려 간 씨프린스호는 오동도 남서쪽 40km에 위치한 작도와 충돌하였다. 이때 엔진·선체 등이 심각하게 손상되었으며, 결국 선박의 모든 기능이 정지되고 교신까지 끊어졌다.

씨프린스호는 또다시 강한 풍랑에 떠밀려 작도에서 8km 정도 서쪽에 위치한 소리도 부근 해안에서 좌초되었다. 이어 폭발음과 함께 불이 난 뒤 기관실 쪽 선체가 파손되면서 기름이 유출되기 시작하였다.

유조선 연료인 벙커시유 1,400배럴과 탱크에 실려 있던 원유 61만 배럴 중 2만 9,000배럴이 흘러나왔다. 흘러나온 기름은 남서풍과 조류를 타고 남해안 일대에 급속히 퍼져 광양만 일대와 다도해 해상국립공원 지역까지 시커멓게 뒤덮었다.

이것은 여천, 남해, 사천, 거제 등지의 가두리 양식장 수만 ha의 피해로 이어졌다. 또한 해안가와 바다 밑바닥에 기름 성분이 스며들어 조개류 양식장이 황폐화되었다. 그리고 바다에 기름이 유출되면서 기름띠를 형성하여 오랫동안 바다를 죽은 바다로 만들었다.

정부는 해양 생태계 복원을 위해 대규모 복원 작업을 실시하였다. 하지만 사고 발생 수년이 지나서도 침몰 해역 밑바닥에서는 기름띠가 발견되고 있는 것으로 조사되었다.

한편 시프린스호에 타고 있던 선원 20명 중 19명은 배에서 탈출해 소리도로 대피했으나 기관장은 실종되었다.

시프린스호는 좌초 125일 만인 11월 26일 선박 구난 전문 회사에 의해 좌초 지점에서 빠져나왔다.

━

**1936년 7월 23일**

# 연극 「홍도야 우지 마라」 초연

━

배우 문예봉의 남편 임선규가 쓴 연극 「홍도야 우지 마라」가 1936년 7월 23일부터 31일까지 우리나라 최초의 연극 전용 극장이었던 동양극장에서 처음으로 공연되었다.

극단 '청춘좌'에 의해 상연된 이 연극의 원래 제목은 「사랑에 속고 돈에 울고」였다.

오빠 철수의 학비를 벌기 위해 홍도는 기생이 된다. 그리고 오빠의 친구인 광호를 만나 집안의 반대를 무릅쓰고 결혼한다. 하지만 시어머니의 멸시와 시누이 등의 음모로 시집에서 쫓겨나고 남편으로부터도 버림받게 된다. 절망의 끝에 몰린 홍도는 제정신이 아닌 상태에서 남편을 가로채려는 약혼녀에게 우발적으로 칼을 휘두르고 순사가 된 오빠에게 끌려간다는 것이 「홍도야 우지 마라」의 내용이었다.

첫날부터 관객은 초만원을 이루었다. 가장 중요한 관객층은 화류계 여성들이었다. '한 많은 홍도의 기구한 일생'은 동병상련을 자극하여 눈물바다를 만들어 냈다.

이후 1938년 법정에 선 홍도가 오빠의 변론으로 무죄선고를 받게 되는 후속편이 제작되었다.

2년 뒤인 1940년에는 김영춘이 노래하고, 콜롬비아 레코드가 제작한 주제가가 만들어져 레코드가 10만 장이나 팔렸다.

7월의
모든 역사

# 7월 24일

:

—

612년 7월 24일

# 고구려의 을지문덕, 살수대첩을 거두다

—

忽聞官軍至 문득 들으니 관군이 왔다는데
提刀向前蕩 칼을 휘둘러 고구려를 친다 하네.
譬如遼東死 그러나 요동에 가면 죽음뿐
斬頭何所傷 머리가 잘리고 어찌 온몸이 다치지 않으리.

–「무향요동낭사가無向遼東浪死歌」

6세기말 중국 대륙에서는 커다란 사건 하나가 터졌다. 589년 수나라가 수백 년간의 분열을 끝내고 중국 대륙을 통일한 것이다. 이 소식은 주변국들을 긴장시켰다.

예상대로 수나라는 주변의 이민족들을 차례로 정복하더니 북방의 실력자 돌궐까지 복속시켰다. 이제 남은 것은 고구려였다.

하지만 광개토왕비문에서 보이듯 고구려는 자신들을 천하의 중심으로 생각하는 국가였다. 중국의 입장에서는 그런 고구려를 방치하면 그들이 강조하는 '중화사상'은 설자리를 잃게 될 것이었다.

게다가 수나라는 고구려의 거대한 시장권과 교역권에도 잔뜩 군침을 삼키고 있었다. 결국 이러한 문제는 서로가 정면으로 충돌하여 승부를 짓는 전쟁말고는 달리 해결책이 없었다.

고구려와 수의 본격적인 싸움은 598년 고구려 영양왕이 말갈 군사 1만 명을 거느리고 요서 지방을 치면서 불이 붙었다. 수 문제는 이에 30만 명의 군사를 동원하여 고구려를 공격했으나 홍수와 전염병 등으로 스스로 무너져 버렸다.

문제의 뒤를 이어 즉위한 양제는 610년 돌궐 계민카한의 장막을 찾았다가 뜻밖에 고구려 사신을 만나자 영양왕의 입조入朝를 요구하였다.

하지만 고구려가 이에 응하지 않자 612년 1월 자신이 친히 100만 대군을 거느리고 정벌 길에 나섰다. 고구려는 이미 수의 침략을 예상하고 방비를 더욱 강화하여 적을 기다렸다. 수나라의 군사들이 모두 출발하는 데에 40일이 걸렸고 그 깃발이 1,000리에 이르렀다.

수나라 군사가 요하에 이르자 고구려군은 적의 도하 작전을 이틀 동안이나 괴롭혔다. 어렵게 요하를 건너긴 했지만 이번에는 거대한 요동성이 기다리고 있었다. 양제는 요동성 서쪽에 임시 처소를 만들고 거기서 군사를 독려하며 대대적인 공격을 가했지만 요동성은 끄떡도 하질 않았다. 그렇게 소득 없이 마냥 3개월이 흘러갔다.

육군이 이렇게 요동성에서 주춤하고 있는 동안 내호가 이끄는 수나라의 수군은 서해를 건너 대동강 입구로 향하였다. 고구려군은 이들을 평양성 근처로 유인해 매복 작전으로 일거에 섬멸하였다.

요동성에서 더 이상 진도가 나가질 않자, 답답해진 양제는 30만의 별동대를 편성해 곧장 평양을 공격토록 하였다. 우문술과 우중문이 이들을 이끌고 압록강까지 진출하자, 을지문덕은 항복을 가장해 적의 허점을 정탐하였다.

이들이 굶주림과 피로로 지친 것을 안 을지문덕은 공격과 후퇴를 거듭하며 더욱 이들의 진을 빼놓았다. 수나라 군대는 을지문덕의 계략에 말려 열심히 고구려군을 뒤쫓아 어느새 평양성 근처까지 다달았다. 그러나 급속한 행군으로 지칠 대로 지친 데다 군량미마저 다 떨어져 그저 평양성을 보고 입맛만 다실뿐이었다.

이때 우중문에게 그 유명한 을지문덕의 「여수장우중문시與隋將于仲文詩」가 날아들었다.

神策究天文 그대의 신비한 책략은 천문을 꿰뚫고,
妙算窮地理 절묘한 계략은 지리를 통달했도다.
戰勝功旣高 싸움에 이겨 그 공 이미 높으니,
知足願云止 족함을 알거든 이제 그만 그치기를 바라노라.

편지를 읽는 우중문의 손과 입술이 부르르 떨렸다. 을지문덕이 "수군이 철수하면 왕과 함께 행재소로 양제를 찾아가겠다."는 조건을 제시하

자 우문술 등은 속는 줄 알면서도 방법이 없었다. 그러나 철수하는 수
군을 을지문덕이 그냥 곱게 보내 줄 리 만무하였다.

수군은 도처에서 고구려 복병들의 공격을 받으며 가까스로 살수에
도달하였다. 그들은 앞뒤 가릴 것 없이 강으로 뛰어들었다. 적이 강의
중간쯤을 건너자 고구려군은 일제히 공격하니 그야말로 적의 진영은
아수라장이었다. 청천강의 푸른 물결은 순식간에 수군의 피로 붉게 물
들었다. 612년 7월 24일의 일이었다.

이것이 그 유명한 '살수대첩'이다. 이때 마지막까지 살아 돌아간 수
군은 겨우 2,700명이었다.

이후로도 수나라는 몇 번 더 무리하게 고구려를 공격하다 결국 그것
이 원인이 되어 멸망하였다.

**1866년 7월 24일**

# 미국 상선 제너럴셔먼호, 대동강에 침입하다

1866년 7월 24일, 미국 상선 제너럴셔먼호가 통상을 요구하다 거절
당하자 평양 대동강에 침입하였다. 하지만 제너럴셔먼호는 군민들의
공격을 받아 불타 버렸다.

제너럴셔먼호는 당시 중국 톈진에 머물고 있다가 영국의 메도스 상
사와 결탁하여 비단 · 유리그릇 · 천리경 · 자명종 등의 상품을 싣고 7
월 11일에 대동강을 거슬러 올라와 평양 경내에 들어왔다.

마침 프랑스의 군함이 침략해 올 것이라는 소문을 들었던 평안도 관
찰사 박규수는 셔먼호가 평양 경내에 정박하자 사람을 보내어 평양에

온 목적을 물었다. 이에 기독교 선교사 토머스는 무역을 위해 왔음을 강조하며, 가져온 비단 · 자명종 등을 쌀 · 사금 · 홍삼 · 호표피 등과 바꿔 줄 것을 제의하였다.

그러나 서양 선박의 내항과 통상 요구는 당시의 국내 사정으로 미루어 조선의 안전을 위협하는 것으로 간주되었다. 또한 국법으로 금지되어 있었기 때문에 거절하였다. 그리고 그들에게 즉시 출국할 것을 요구하였다.

그러나 조선 측의 이와 같은 강경한 경고에도 불구하고 7월 12일 셔먼호는 만경대 한사정에까지 올라와 그들의 행동을 제지하던 중군 이현익을 붙잡아 감금하였다.

사태가 이에 이르자 평양성 내의 관민은 크게 격분하여 강변으로 몰려들었고, 셔먼호에서는 조총과 대완구를 관민들에게 마구 쏘아 사태를 악화시켰다.

이와 같은 셔먼호의 무모한 행동에 대하여 강변의 군민은 돌팔매 · 활 · 소총으로 맞서 대항하고, 퇴교 박춘권은 배를 타고 가서 이현익을 구출해 내었다.

당시 며칠씩 계속된 비로 강의 수위가 높아졌다가 이렇게 여러 날이 경과하는 동안 평상시로 돌아가게 되자 셔먼호는 양각도 서쪽 모래톱에 선체가 걸려 행동의 자유를 잃어버렸다.

그러자 불안과 초조에 휩싸인 셔먼호의 승무원들은 강도 · 약탈 · 총포격 등의 강압적인 행동을 자행하여 주민들 중 사망 7명, 부상 5명이 생기는 불상사가 일어났다.

이에 박규수는 철산부사 백낙연 등과 상의하여 화공 및 포격을 가하여 셔먼호를 불태워 격침시켰으며 토머스를 비롯한 전 승무원 23명이 불에 타 죽거나 물에 빠져 죽었다.

이 사건을 겪은 대원군은 그해 9월 프랑스 함대가 침입한 병인양요
가 일어나자 쇄국정책을 더 한층 강화하게 되었다.

제너럴셔먼호 사건은 1871년 미국이 신미양요를 일으키는 원인이
되었다.

* 1871년 6월 10일 '신미양요 일으킨 미 함대 초지진 상륙' 참조

1945년 7월 24일

# 경성 부민관 폭파 사건 발생

1945년 7월 24일 경성에 있는 부민관에서 우리나라 애국 청년들의
폭파 의거가 있었다.

이날 부민관에서는 조선 총독과 군사령관 등이 참석한 가운데 친일
파의 거두 박춘금의 주최로 아세아 민족 분격 대회가 개최되었다.

대회에서는 중국 측 대표 정원간의 '아세아 민족 대동 단결의 필요
성'이란 제목의 연설과 아세아 민족에게 전쟁 제물을 강요하는 동남아
친일 대표들의 발표가 계획되었다.

이 사실을 7월 20일자 신문을 통해 알게 된 대한애국청년당 당원 조
문기 · 류만수 · 강윤국 · 우동학 · 권준 등은 수차례의 비밀 회합을 가
졌다. 그들은 대회장을 폭파함으로써 친일 괴뢰의 매국 행위를 경고하
며, 민족의 독립 열의를 세계만방에 과시할 것을 결의하였다.

이에 류만수가 수색 변전소 작업장에서 가져온 다이너마이트로 만든

사제폭탄 2개를 대회 전날 밤, 무대 뒤에서 화장실로 통하는 길에 설치
하였다.

대회 당일 오전 9시 10분경, 박춘금이 등단하여 매국 발언에 대한 연
설로 박수를 받고 있을 때 굉음과 함께 폭탄이 폭파되었다. 이로 인해
대회는 중단되었다.

박춘금은 사재 5만원의 현상금을 걸고 부민관 폭파 사건의 주모자를
찾는 데 혈안이 되었다. 재거사를 결의하던 조문기 등은 경기도 화성에
서 광복을 맞이하였다.

한편 부민관은 우리나라 최초의 근대식 다목적 회관으로 수용 인원
1,800명의 지하 1층, 지상 3층 건물이었다.

1934년 7월 30일에 착공, 이듬해 12월 10일 완공되었다.


**1907년 7월 24일**

# 이완용, 이토 히로부미와 한일신협약에 조인하다

1907년 7월 24일 일본이 대한제국을 병탄하기 위한 마지막 조치로
강행한 한일신협약이 이토 히로부미와 이완용 사이에서 조인되었다.
일명 정미7조약이라고도 한다.

이로써 대한제국에는 차관 정치가 시작되었고, 일본의 대한제국 내
정 감독권이 확립되었다. 고종을 강제 퇴위시킨 일제는 법령 제정권 ·
관리 임명권 · 행정권 등을 내용으로 한 7개 항의 조약안을 제시하여
이날 조약을 체결 · 조인한 것이다.

그러나 이 조약은 일본이 고종을 강제로 퇴위시킨 직후에 체결된 것

으로 강압적인 분위기에서 비정상적으로 체결되었기 때문에 국제조약
으로서의 법적 유효성에 의문이 제기되고 있다.

* 1907년 5월 22일 '이완용 내각 성립' 참조
* 1910년 8월 29일 '한일 병합 조약이 체결되다' 참조

—

**1948년 7월 24일**

# 이승만, 초대 대통령으로 취임하다

—

1945년 8월 15일 일본의 항복으로 우리나라가 광복을 맞이하자 미
국에 있던 이승만은 그해 10월 귀국하였다. 그는 우익 진영의 지도자로
독립촉성중앙위원회 총재, 대한국민대표민주의원 의장, 민족통일총본
부 총재 등을 역임하면서 좌우 합작 반대, 미소공동위원회 참가 거부,
남한만의 단독 정부 즉각적인 수립을 주장하였다.

이승만은 1948년 5월 10일 실시된 총선거에서 무투표 당선되었고 5
월 31일 개원한 제헌국회를 통해 초대 국회의장에 선출되었다.

그는 국회에서 선출된 헌법기초위원과 전문위원들이 초안한 내각책
임제 중심의 헌법 초안에 강력히 반대하여 대통령제로 헌법이 제정되
도록 하였다. 그리고 정부조직법에 따라 7월 20일 국회에서 제1대 대
통령·부통령 선거를 실시되었다. 선거 방식은 국회 재적의원 3분의 2
이상 출석과 출석의원 3분의 2 이상의 표를 얻어야 당선되는 간접선거
방식이었다.

이 선거에서 대한독립촉성국민회의 소속의 이승만은 197명의 투표

자 중 180표를 득표하여 무소속의 김구 13표와 안재홍 2표를 압도적으로 제치고 대통령으로 선출되었다. 부통령에는 이시영이 선출되었다.

이어 7월 24일 이승만은 당시 국회의사당으로 사용되던 중앙청 광장에서 거행된 초대 정·부통령 취임식에서 대한민국 초대 대통령으로 취임하였다.

이후 이승만은 2대와 3대 대통령을 역임하였다. 이어 4대 대통령 선거에서도 이승만은 당선되었지만 결국 3·15 부정선거로 인해 반정부 항쟁인 4·19 혁명이 발생하면서 대통령직을 하야하였다. 그 후 미국 하와이로 망명하여 1965년 7월 19일 70세를 일기로 생을 마쳤다.

* 1875년 3월 26일 '초대 대통령 이승만 출생' 참조
* 1960년 3월 15일 '3·15 부정 선거가 일어나다' 참조
* 1960년 4월 19일 '4월 혁명이 시작되다' 참조
* 1965년 7월 19일 '초대 대통령 이승만, 하와이에서 사망하다' 참조

7월의
모든 역사

# 7월 25일

■
·
·
■

1449년 7월 25일

# 세종, 『월인천강지곡』을 완성하다

높고 큰 석가모니 부처의 그지없고 가이 없는 공덕을 여러 겁이 지나도 어찌 다 여쭐 수 있으리.

-『월인천강지곡』상권

세종 28년(1446)에 소헌왕후가 죽자 세종은 왕비의 명복을 빌기 위해 아들 수양대군에게 명하여 석가의 전기를 엮게 하였다.

수양대군은 『석가보』 『법화경』 『지장경』 『아미타경』 『약사경』 등에서 글을 뽑아 석가의 일대기를 완성하였다. 이것이 세종 29년(1447) 2월에 간행된 『석보상절釋譜詳節』이다.

『석보상절』은 훈민정음 반포 후 최초로 발표된 산문 작품으로서, 국한문 혼용으로 쓰여 있어 조선 전기의 언어 연구에 귀중한 자료가 되고 있다. 뿐만 아니라 문장이 매우 유려하여 당시 국문학을 대표하는 유일한 작품으로 꼽히고 있다.

『석보상절』의 '석보'는 석가의 일대기를, '상절'은 요긴한 것은 상세히, 요긴하지 않는 것은 생략한다는 뜻이 담겨 있다.

『석보상절』이 완성되자 세종은 이를 읽고 1449년 7월 25일에 노래를 지었는데, 이것이 바로 『월인천강지곡月印千江之曲』이다.

『월인천강지곡』은 부처의 공덕을 칭송한 노래라는 뜻으로서, 석가의 생애를 소설적인 구조로 서사화한 것이다. 원래 3권으로 구성되었는데, 현재는 상권만이 전한다.

이 노래의 제목인 '월인천강月印千江'의 의미에 대해서는 세조 5년(1459)에 간행된 『월인석보月印釋譜』 제1장 첫머리에 다음과 같이 기록되어 있다.

부처가 수많은 세상에 몸을 바꾸어 태어나 중생을 교화하심이 마치 달이 천 개나 되는 강에 비침과 같으니라.

즉 '달月'은 석가불을, '천 개나 되는 강千江'은 중생을 비유한 것으로, 이 노래는 석가모니의 교화가 모든 중생에게 미침을 칭송한 찬불가이다.

한글로 표기된 운문으로서는 『용비어천가』와 함께 최고 오래된 자료로, 한글을 위주로 하고 한자를 옆에 주로 표기한 최초의 문헌이기도 하다.

한편, 활자는 『석보상절』과 동일한 갑인자 한자를 사용하고 있는데, 이는 함께 쓰인 한글 활자를 포함하여 서지학 연구에 좋은 자료가 되고 있다.

『월인천강지곡』은 1963년에 보물 제398호로 지정되었다.

## 2007년 7월 25일

# 배형규 목사, 탈레반에 의해 살해되다

배형규는 1965년에 제주도에서 태어났다. 그는 서강대학교 대학원을 졸업하고 회사에 취업하였다가 회심하여 장로회신학대학교에서 신학을 공부하였다.

그 후 그는 분당에 있는 샘물교회 청년부 목사로 재직하였다. 2007년 7월 14일 배형규는 22명의 샘물교회 아프간 단기선교 팀원을 이끌고 아프간으로 선교 활동을 떠났다.

하지만 그들은 7월 19일 아프가니스탄 카불에서 칸다하르로 향하던 중 탈레반 무장 세력에 납치되었다. 배형규는 7월 25일 10발의 총격을 받고 사망하였다.

배 목사의 피살은 알 자지라 방송을 통해 보도되었으며, 그의 시신은 아프간 무셰키 지역에서 발견되었다. 공교롭게도 피살된 날은 42번째 그의 생일이었다. 7월 30일에는 협상 마감 시한을 어겼다는 이유로 심성민도 살해당하였다.

탈레반 납치 사건으로 '공격적인 선교 활동'을 하는 일부 개신교들에게 비판 여론이 높아졌다. 정부 또한 국민 안전을 위해 분쟁 지역에서의 선교 · 봉사 활동을 금지해야 하는데도 사건이 터진 후에야 여행 금지 조치를 취했다는 비판을 받았다.

한편 희생자 유족은 재외국민 보호 의무를 위반했다며 국가를 상대로 3억 5,000만원의 손해배상 청구 소송을 제기하였다. 하지만 법원은 국가 배상 판결 의무가 없다며 원고 패소 판결을 하였다.

**1974년 7월 25일**

## 우리나라 추상화의 선구자 김환기 뇌출혈로 사망

김환기는 1913년 전남 신안군 기좌도에서 태어났다. 그는 1936년 일본으로 유학, 일본대학 미술과를 졸업하고 같은 대학 연구과를 수료하였다.

광복 후 국내 화단이 활기를 되찾자 김환기는 1948년부터 '신新사실파'라는 그룹을 결성하여 국내 모더니즘 운동을 주도하였다.

그는 1970년대에 들어서면서 화면에 무수한 점과 선을 배열하는 독특한 회화 세계를 개척하여 한국 근대회화의 추상적 방향을 여는 데

「론도」

선구자 역할을 하였다. 그래서 김환기는 우리나라 추상화의 선구자로 불린다.

그는 달, 조선백자 등과 같은 민족적 소재를 이용해 한국적인 아름다움을 추상적으로 표현하였다.

대표작으로 「어디에서 무엇이 되어 다시 만나랴」 외에 「종달새 노래할 때」 「항아리와 여인들」 「론도」 「해와 달」 등이 있다.

김환기는 1974년 7월 25일 뉴욕에서 뇌출혈로 사망하였다. 1992년에는 그의 예술 정신을 기리고자 서울시 종로구 부암동에 환기미술관이 개관하였다.

또 2007년에는 그의 생가가 국가 지정 문화재 중요 민속 자료 251호로 지정되었다.


**2009년 7월 25일**

# 의정부 경전철 구조물 붕괴 사고 발생

2009년 7월 25일 오후 7시 20분쯤, 경기도 의정부시 신곡동 부용천변 경전철 공사 현장에서 대형 철골 구조물 2개가 도로와 산책로로 무너져 내리는 사고가 발생하였다.

이 사고로 구조물 위에서 작업을 하던 한국인 인부 3명과 외국인 근로자 2명 등 5명이 숨지고 8명이 다쳤다.

무너져 내린 철골 구조물은 '론칭거더Launching Girder'라고 불리는 것으로, 이것은 교각과 교각 사이를 옮겨 다니며 콘크리트 구조물을 끌어올려 교량 상판을 만드는 장비다.

　　사고는 교각 기둥을 세우면서 중심을 잡는 세그먼트 가설 작업 도중 폭 1m, 길이 15m, 무게 25t의 상판이 론칭거더와 함께 전도되면서 일어났다.

　　의정부 경전철은 장암지구~고산동 구간 11.1km를 연결하는 구간으로 2007년 7월 착공해 2011년 8월 개통될 예정이었다.

　　하지만 이 사고로 공사가 지연돼 2012년 7월 1일에 개통되었다.

7월의
모든 역사

# 7월 26일

■
■
■

1950년 7월 26일

# 노근리 양민 학살 사건이 발생하다

"저곳 철로 위에서 폭격과 기총소사와 지상군의 소총 사격으로 님들은 마구 죽임을 당했습니다. 이곳, 쌍굴 안에서 60시간을 갇힌 채 기관총 사격으로 님들은 처참하게 숨져 갔습니다. …… 우리를 돕겠다고 전쟁의 소용돌이를 헤치고 이 땅에 올라온 미군들이 그처럼 무지막지하게 님들을 죽일 줄이야 누가 알기나 했습니까."

-정은용, '노근리 양민 학살 대책 위원회' 위원장

1950년 7월 26일 충북 영동군 황간면 노근리 경부선 철로 위에서 피난 중이던 주민들에게 미군들이 무차별 사격을 가해 300여 명이 살해되는 사건이 발생하였다. 한국전쟁이 발발한 지 한 달 만이었다.

미군들은 '피난민 중에 북한 군인이 위장해 숨어 있을지 모르니 이들을 적으로 간주하여 적절한 행동을 취하라'는 지침을 받고 피난민들이 철로 밑으로 피신하자 뒤쫓아가 계속 사살하였다.

이 사건이 외부에 처음 드러난 것은 1960년 민주당 정권 때 유족들이 미군 소청심사위원회에 소청을 제기하면서였다. 하지만 미군 측이 소청을 기각하면서 사건은 사람들의 뇌리에서 멀어져 갔다.

1994년 4월 노근리 사건 피해자 가운데 한 사람인 정은용 노근리 양민 학살 사건 대책 위원장이 유족들의 비극을 담은 실록 소설 『그대 우리의 아픔을 아는가』를 출간하였고, 언론에서 취재를 시작하면서 이 사건은 다시 대중들에게 알려지게 되었다.

그 후 월간지 『말』이 그해 7월호에 「6 · 25 참전 미군의 충북 영동 양민 300여 명 학살 사건」이라는 제목으로 자세한 내막을 기사화하였다.

1999년 9월에는 AP 통신 기자 최상훈과 멘도자 등이 현장 취재, 가해자들과의 인터뷰 등 탐사 보도를 시행하여 본격적으로 진상 규명이 되기 시작하였다.

비밀 해제된 당시 군 작전 명령 중에서 '피난민들을 적군으로 대하라'라는 명령의 원문原文, 미군 제1기갑사단과 미군 육군 25사단 사령부의 명령서 등 미군의 공식 문건 2건이 입수되었다. 또한 참전 미군 병사들의 증언 등을 토대로 이 사건은 노근리 주민들을 살상한 전쟁 범죄라는 사실이 밝혀졌다. 이들은 이 보도로 2000년 풀리처상을 수상하였다.

이 보도로 노근리 사건이 세계의 주목을 받자 그해 10월 우리나라와 미국 정부는 이 사건에 대한 협의에 착수하였다. 그리고 노근리 사건 정부 대책단 및 진상 조사반이 구성되었다.

2000년 1월 9일 미국 측 대책 단장인 루이스 칼데라 미 육군성 장관과 민간 전문가 7명을 포함한 18명의 자문위원단이 내한하였다. 그들은 12일까지 한국 측 조사반으로부터 사건 개요 및 조사 상황을 청취한 뒤 충청북도 영동의 사건 현장을 찾아 피해 주민들의 증언과 요구 사항을 들었다.

그리고 2001년 1월 12일 노근리 사건 한 · 미 양국 조사단은 공동 발표를 통해 노근리 사건이 '미군에 의한 양민 학살'이라는 사건 실체를 인정하였다. 미국의 빌 클린턴 대통령도 이날 노근리 사건에 대한 성명을 발표, 유감을 표명하였다. 그러나 '사격 명령이 있었을 것으로 추정한다'는 식으로 발표하면서 명령 체계에 따른 학살이란 사실은 공식 인정하지 않았다.

2004년 2월 '노근리 사건 희생자 심사 및 명예 회복에 관한 특별법'이 제정되었고, 7월부터 희생자 및 유족에 대한 명예 회복 사업이 추진되기 시작되었다.

한편 사건이 일어났던 경부선 노근리 쌍굴다리는 2003년 6월 30일 등록문화재 제59호로 지정되었다. 또한 2010년 4월에는 이 사건을 고발한 영화「작은 연못」이 제작되었다.

충청북도는 2011년 10월에 191억 원을 들여 쌍굴다리 앞 옛 노송초등학교 터를 포함한 13만 2,240m²에 미군 총격으로 숨진 희생자들의 넋을 기리는 위령탑과 사건 관련 기록 · 문서 · 사진 · 증언 등을 담은 역사 평화 박물관이 들어선 '노근리 평화 공원'을 조성하였다.

유가족들도 매년 미군의 폭력으로 죽은 민간인들의 한을 위로하는 제사를 노근리 학살이 일어난 쌍굴에서 지내고 있다.

—

**1485년 7월 26일**

## 성종, 『신편동국통감』을 편찬하다

—

東方初無君長, 有神人降于檀木下, 國人立爲君, 是爲檀君, 國號朝鮮, 是唐
堯戊辰歲也. 初都平壤, 後徙都白岳, 至商.武丁八年乙未, 入阿斯達山爲神.

동방의 땅에는 처음에 군장이 없었는데, 신인이 있어 단목 아래로 내려오
니 나라 사람들이 임금으로 세움에 그가 바로 단군이며, 나라 이름을 조선
이라 하니 바로 당요의 무진년 때 일이다. 처음에는 평양에 도읍하였다가
후에 백악으로 도읍을 옮겼으며, 상나라 무정 임금 8년인 을미년에 아사
달산에 들어가 신이 되었다.

-『신편동국통감』

세조는 즉위 후 크게 두 가지의 편찬 사업을 계획하였다. 나라의 법
전인 『경국대전經國大典』과 후손에게 교훈을 줄 수 있는 역사서『동국통
감東國通鑑』이 그것이다.

이 중『동국통감』의 편찬을 두고 세조가 보여 준 열의는 실로 대단하
였다. 그래서 여느 사서와 달리『동국통감』은 신하들의 건의에 앞서 세
조가 직접 발의하여 추진되었다.

그는 "우리나라의 역사 서술은 탈락이 많아 자세하지 못하다. 삼국과
고려사를 합쳐 편년서를 만들고자 한다."며 "여러 책에서 사료를 널리
구해 연도별로 기록하라."고 그 방법까지 제시해 주었다. 여기에다 아

예『동국통감』이라고 책의 이름까지 지어 주었다.

그런데 세조가 '탈락이 많다'고 지적한 부분은 고대사를 가리키는 것으로, 결국 이 부분의 개선이『동국통감』의 주요 목표였다.

이 때문에 세조는 이미 1457년 8도에 명을 내려 관청과 개인, 또는 사찰에 은닉된 비기와 참서들을 수집한 바 있다. 이것들은 주로 민간신앙이나 도교, 풍수 등과 관련한 여러 이야기들을 담고 있다.

이는 기존의 사서에서 등한시했던 신화나 설화들을『동국통감』에서는 적극 반영하라는 의미였다. 이런 선상에서 세조는 상고사를 단군조선 중심으로 재편하려는 속내가 있었던 듯싶다.

그러나 세조의 높은 관심과는 달리 편찬의 속도는 지지부진하였다. 세조는 본래 쿠데타를 통해 집권했기 때문에 취약한 정통성을 왕권의 강화를 통해 극복할 수밖에 없었다.

그러나 성리학적 시각에서 이것이 받아들여지기 어려워지자 신화나 전설 등을 이용해 군주의 권위를 높이고 싶어 하였다.『동국통감』의 고대사 강조는 바로 그런 세조의 의지가 반영되었다고 할 수 있다.

그러나 편찬을 담당한 유신들은 자꾸 불교 측 자료를 배제하고, 날짜가 없는 황당한 설화 등에 대해 채용을 거부하였다. 세조의 의도에 동의할 수도 없었고 또 저러한 내용은 유학자로서 허용하기 힘들었기 때문이다. 결국 이런저런 이유로『동국통감』의 편찬은 세조 때에 완성되지 못하였다.

성종 5년에 신숙주의 주도로 편찬 사업이 재개되었으나, 신숙주가 마무리 단계에서 사망하였다. 이를 노사신 등이 이어 받아 1476년 일부를 완성하니 이것이『삼국사절요三國史節要』이다. 이것은 단군조선부터 삼국의 멸망까지만을 다룬 것이다.

 그 후 1483년 서거정이 다시 『동국통감』을 편찬하여 이듬해에 완성되었다. 이것이 굳이 말하자면 『구편동국통감』인데, 현재는 전하지 않는다.

 그런데 성종은 이 책에 찬자들의 사론이 전혀 언급되지 않은 점을 발견하고 다시 편찬을 명하였다. 그리하여 1485년 7월 26일에 새로운 『동국통감』이 완성되니, 이것이 오늘날 우리가 만나고 있는 『신편동국통감新編東國通鑑』이다.

 『동국통감』은 처음 세조가 의도한 것과는 달리 성리학적 명분론이 강하게 반영되는 것으로 마무리되었다. 삼국과 고려에 대한 서술은 『삼국사절요』와 『고려사절요』의 대부분을 참고하여 사료적 가치는 그렇게 크지 않다. 본문은 외기 · 삼국기 · 신라기 · 고려기로 크게 나눠 편년체로 작성하였다.

 삼국기는 삼국이 서로 대등한 관계라고 보아 무정통의 시기로 처리하였다. 신라기를 독립적으로 다룬 것은 신라에 의한 삼국통일의 의미를 재평가한 것으로 볼 수 있다. 그러나 찬탈자인 위만조선을 인정한 것은 후일 안정복에게 커다란 비판을 받았다.

 『동국통감』은 또 기존의 사서와는 다른 표현을 곳곳에서 보여 주고 있어 주의가 필요하다. 우선 신라의 왕호는 『삼국사기』와 달리 모두 왕으로 통일하였다. 고구려 초기 소국 수준의 지배자들도 왕으로 칭하였다는 것이다. 그러나 여왕에 대해서는 여주女主로 낮추어 강한 남존여비男尊女卑 의식을 드러냈다.

 반면에 군주와 관련된 용어, 관작의 명칭 등은 중국과 같아도 그냥 사실대로 기록하였다. 왕의 연대 표시는 즉위년칭원법卽位年稱元法을 사용해 역사적 사실에 부합하려고 애썼다. 즉위년칭원법은 즉위한 해를 원년(1년)으로 삼아 그 다음 해부터 2년, 3년 하는 식으로 적어 나가는 제도이다.

내용상으로는 용어의 사용에서 보여 주는 것과는 달리 사대 성향이 너무 짙게 나타났다. 그로 인해 사대교린을 중시하여 영토 확장을 꾀한 고려 태조의 북진 정책이 비판의 대상이 되었다. 또 불교나 도교, 지리도참설을 이단으로 배격하고 무인보다는 지나치게 문인을 숭상하는 경향을 드러냈다.

『구편동국통감』이 남아 있지 않아 정확한 비교를 할 수는 없지만『신편동국통감』은 성종과 신진 사림, 그리고 훈구 세력의 견해가 두루 반영되었다는 점에서 그 의의를 찾아볼 수 있다.

이 때문에 『신편동국통감』은 조선 전기 역사 서술의 완성품으로 그 자리를 굳히고 있다.

---

**1930년 7월 26일**

# 독립운동가 지청천, 한국독립당 결성

---

1926년경부터 국내외에서 전개된 민족 유일당 운동에 따라 만주 지역에서도 독립운동 단체들의 통합 운동이 추진되었다.

1928년 만주에 있던 18개 독립운동 단체 대표 39명이 모여 민족 유일당 촉성 문제를 협의하였다.

그 결과, 혁신의회가 주도하는 전민족 유일당 조직 촉성 회의와 국민부가 주도하는 전민족 유일당 조직 협의회의 두 단체로 통합 조정되었다.

이 중 혁신의회 계통은 독립운동가 김좌진 장군을 중심으로 다시 한족 총연합회로 개편되었다.

하지만 1930년 1월 24일 김좌진은 만주에서 공산주의자 박상실에게 암살당하였다. 이후 한족 총연합회는 7월 26일 홍진, 지청천이 중심이 되어 한국독립당을 결성하였다.

이어 한국독립당은 휘하에 한국독립군을 조직하고 항일 전쟁에 주력하였다.

* 1888년 1월 25일 '독립운동가 지청천 출생' 참조

1993년 7월 26일

# 아시아나 여객기,
# 전남 해남 야산에 추락해 66명 사망

1993년 7월 26일 오후 3시 40분경, 김포공항을 출발해 목포공항에 착륙할 예정이었던 아시아나 항공 보잉 737기가 전남 해남군 화원면 마산리 마천마을 앞 산골짜기에 추락하는 사고가 발생하였다.

승객과 승무원 등 106명이 타고 있던 여객기는 이 사고로 66명이 사망하였으며, 기체는 형체를 알아볼 수 없을 정도로 크게 파손되었다. 국내에서 발생한 항공기 사고 사상 최대의 참사였다.

오후 5시 20분쯤, 생존 승객 가운데 한 사람이 인근 마을로 내려와 주민에게 사고 사실을 알렸다. 주민이 이를 다시 경찰에 신고하면서 구조 활동이 시작되었다.

사고 원인을 분석한 결과, 기장이 시계 불량과 악천후에도 불구하고 무리하게 착륙을 시도한 것으로 밝혀졌다. 그는 항로상에 있는 해발 1063ft의 운거산을 넘은 것으로 착각하고 비행고도를 정상 높이인 1600ft보다 훨씬 낮은 800ft까지 낮췄다.

이 사고를 계기로 교통부는 목포공항 대신 전남 무안에 무안 국제공항을 건설할 계획을 밝혔다. 그리고 2007년에 무안 국제공항이 개항하면서 목포공항은 폐쇄되었다.

7월의
모든 역사

# 7월 27일

1894년 7월 27일

# 갑오개혁이 시행되다

"나는 총리대신이다. 조선인에게 죽는 것은 떳떳한 하늘의 천명이
지만 다른 나라 사람에게 구출된다는 것은 짐승과 같다."

-김홍집

1894년 농민전쟁이 격화되자 조선은 청에 파병을 요청하였다. 그러자 조선의 허락도 없이 일본도 덩달아 병력을 출동시켰다. 사태의 심각성을 깨달은 농민군은 정부에 폐정 개혁안을 수락하는 조건으로 강화를 맺고 자진 해산하였다.

이에 조선은 일본에게 철수를 요청했으나, 일본은 이를 거부하고 오히려 조선의 내정 개혁을 강요하였다. 정부는 여기에 대항하여 교정청을 설치하고 독자적인 개혁을 추진하기로 결정하였다.

이처럼 조선이 자신들의 뜻대로 움직이지 않자, 일본은 6월 21일 새벽 경복궁을 무력으로 점령해 대원군에게 모든 권력을 넘겼다.

그리고 이틀 뒤에는 풍도 앞바다에 떠 있는 청국 함대에 포격을 가하여 청일전쟁을 일으켰다. 이어 일본의 지원으로 개혁을 주관할 군국기무처가 설치돼 김홍집이 영의정 겸 총재에 임명되었다.

다음날 정식으로 군국기무처 개청식을 열고 1차 회의가 소집되었다. 이전 의정부나 비변사 회의와는 달리 공개로 진행되고 방청까지 허용하였다.

그리고 7월 27일 일반적으로 '갑오개혁'이라고 불리는 갑오경장이 시행되었다. 갑오경장은 크게 세 차례의 단계로 나뉘어 추진되는데, 1차 개혁이 많은 눈길을 끌었다. 먼저 근대국가의 내각 제도를 본뜬 의정부 관제안을 통해 정치 제도를 개편하였다.

즉 의정부 밑에 내무, 외무, 탁지, 법무, 학무, 공무, 군무, 농상 등의 8 아문을 설치하였다. 의정부의 장관으로 총리대신을 두었는데, 그는 내각의 수반으로서 이름 그대로 각 아문을 총괄하였다.

각 아문의 장관에는 대신, 차관에는 협판, 국장에는 참의를 설치하였다. 그리고 관료를 등용하던 과거제를 전격적으로 폐지시켰다.

경제 제도에 대한 개혁 중에서는 전국의 재정을 일원화한 것이 주목받았다. 종전에는 세입이나 지출이 중구난방이었는데 탁지아문으로 통일시킨 것이었다. 이로 인해 왕실의 지배 아래 있던 재원까지 탁지부로 들어오자, 놀란 고종은 부랴부랴 내장원을 설치하여 그것을 저지하였다.

또 문란했던 화폐 제도를 개혁하여 은본위제를 채택하고 백동이나 황동 등을 보조 화폐로 삼았다. 이에 따라 종래 물품으로 납부하던 세금을 금납제로 바꾸고 도량형을 통일하는 부수적인 개혁도 뒤따랐다.

전통적인 조선 사회는 한마디로 양반 중심의 신분제 사회로 규정할 수 있다. 그러나 군국기무처는 이것을 시정하기 위해 여러 가지 조치를 취하였다. 먼저 평등주의에 입각하여 문벌이나 양반, 상놈의 등급을 타파하고 귀천을 따지지 않고 인재를 발탁하겠다고 선언하였다.

또 문관과 무관의 차별을 폐지하고 품계에 따르기로 한다고 결정하였다. 또 공사노비에 관한 법은 일체 혁파하고 인신매매를 금지하도록 하였다. 1801년 공노비의 해방은 이미 이루어졌으나 이제 사노비에게 쓰인 굴레마저 벗겨낸 것이다.

이들 말고도 광범위한 범위에 걸쳐 여러 개혁 조치들이 나왔는데 다음과 같은 것들이 눈길을 사로잡는다.

첫째 지금부터 국내외의 모든 문서에는 개국기년을 사용한다. 둘째 죄인 자신 외에는 일체 연좌율을 폐지한다. 셋째 과부의 재혼은 귀천을 막론하고 그 자유에 맡긴다. 넷째 적처와 첩에 모두 아들이 없을 경우에 양자를 허용한다. 다섯째 남녀의 조혼을 엄금하여 남자는 20세, 여자는 16세에 이르러 비로소 결혼을 허락한다 등등이다.

그러나 법과 관습에는 항상 골이 깊어서 양자 제도나 조혼, 과부 재혼 같은 문제들은 쉽게 개혁되지 못하였다.

흔히 동학 농민 전쟁이 자발적인 아래로부터의 개혁이었다면 갑오경
장은 피동적인 위로부터의 개혁이었다고 말한다. 갑오개혁은 그 자체
로만 놓고 보면 상당히 근대적인 조치들을 취하고 있다.

그러나 모든 틀은 일본이 만들어 놓고 개화파 정권을 얼굴마담으로
내세워 개혁을 추진했던 것이 문제였다. 즉 갑오개혁은 일본의 침략을
쉽게 하기 위한 일종의 사전 정지 작업이었다.

이 때문에 농민군은 2차 봉기를 통해 일본군을 이 땅에서 축출하려
고 하였지만 실패로 끝났다. 이것은 대한제국 스스로 자율적 개혁의 기
회가 사라지는 것을 의미하였다.

* 1894년 6월 23일 '대한제국, 국군기무처를 설치하다' 참조
* 1895년 1월 7일 '김홍집 내각, 홍범 14조 발표' 참조
* 1895년 4월 19일 '김홍집 내각, 을미개혁 단행' 참조

1953년 7월 27일

# 한국전쟁이 휴전에 들어가다

1953년 7월 27일 마침내 한국전쟁이 휴전에 들어갔다. 1950년 6월
25일 북한군이 38선을 밀고 내려온 지 3년 2개월여 만이었다.

1951년 6월 소련은 말리크 유엔 대표를 통해 정전 교섭을 제의하였
다. 이후 국제연합군과 공산군은 비밀 접촉을 거쳐 1951년 7월 10일 개
성에서 첫 정전회담을 가졌다.

1952년 7월에는 개성에서 본회담을 열었고 같은 해 10월 판문점으로 회담 장소를 옮겨 계속 협상을 하였으나 진전이 없었다.

가장 큰 이유는 이승만 정부가 통일 없는 정전을 극력 반대했으며 포로 교환 문제에서 양측의 견해가 아주 달랐기 때문이다. 한동안 정지 상태에 빠졌던 정전협상은 1953년 상이포로 교환에 합의함으로써 성공 가능성이 엿보였다.

이승만 대통령은 중국군의 즉각 철수와 한국군 단독의 북진을 주장하고 6월 18일에는 2만 5,000명의 반공포로를 석방하기도 하였다.

그러나 1953년 7월 27일 판문점에서 국제연합군 총사령관 클라크와 북한군 최고사령관 김일성, 중공인민지원군 사령관 펑더화이가 최종적으로 서명함으로써 협정이 체결되고 말았다. 우리나라는 빠진 채 조인되었다.

이 협정으로 인해 남북은 일시적으로 전쟁이 그친 국지적 정전 상태에 들어갔고, 남북한 사이에는 비무장지대와 군사분계선이 설치되었다.

협정이 체결된 지 60년이 지난 2012년 현재까지도 이 협정 체제가 계속 유지되고 있는데, 이렇게 정전협정이 오랫동안 지속되고 있는 경우는 한반도가 유일하다.

*1950년 6월 25일 '한국전쟁이 발발하다' 참조

*1951년 7월 10일 '한국전쟁 휴전회담 본회의, 개성에서 개최' 참조

1989년 7월 27일

# 대한항공 여객기,
# 리비아 트리폴리 공항에 착륙 중 추락하다

1989년 7월 27일 우리나라의 김포 국제공항을 이륙, 타이의 방콕 돈무앙 공항을 거쳐, 리비아의 트리폴리에 도착할 예정이던 대한항공 소속 맥도넬더글러스 DC-10 여객기가 추락하는 사고가 발생하였다.

이 사고로 총 199명 중 탑승객 80명이 사망하고 119명이 부상하였다. 탑승객은 중동 현지에서 일하는 우리나라 근로자들이 대부분을 차지하고 있었다.

사고 원인을 조사한 결과, 시계 50m의 악천후 속에서 조종사가 시야를 미확보한 채 무리하게 착륙을 시도하다 추락한 것으로 밝혀졌다. 여객기는 착륙 직후 화재에 휩싸인 채 동체가 두 동강이 나 부서졌다.

정부는 이 사고를 일으킨 기장과 부기장, 항공기관사를 검찰에 고발하고, 대한항공에 대해서는 서울과 트리폴리 간 노선 2개월 영업 정지 처분을 내렸다.

1997년 7월 27일

# 매국노 이완용의 증손자 이윤형, 토지 소송에서 승소

1997년 7월 27일 한일 합방의 원흉인 친일파 이완용의 증손자 이윤형이 일제 때 증조부의 땅을 되찾기 위한 소송에서 승소하였다.

서울고법 민사2부의 재판장 권성 부장판사는 이완용의 증손자 이윤형이 시가 30억 원 상당의 서울 서대문구 북아현동 일대의 땅 712평을 돌려달라며 원소유주인 조 모 씨를 상대로 낸 소유권 이전등기 청구소송 항소심에서 원고 승소 판결을 내렸다.

재판부는 판결문에서 '친일파 땅이라고 해서 법률상 근거 없이 재산권을 빼앗는 것은 법치국가에서 있을 수 없는 일'이라고 밝혔다.

이후 이윤형은 되찾은 땅을 팔고, 캐나다로 이민하였다.

7월의
모든 역사

# 7월 28일

■
·
■

—

1971년 7월 28일

# 제1차 사법 파동이 발생하다

—

"사법권 독립은 수단일 뿐 그 자체가 목적이 될 수 없다!"

-박정희

1971년 7월 28일 새벽, 서울지검의 공안부 검사 이규명이 이범렬 부장판사와 최공웅 판사, 이남영 서기 등 3명에게 뇌물 수수 혐의를 적용, 구속영장을 신청하였다.

이범렬 부장판사와 최공웅 판사는 이방택 피고인에 대한 반공법 위반 항소 사건을 심리하면서 증인 신문을 위하여 이남영 서기와 함께 제주도로 출장을 갔다. 거기에서 그들은 담당 변호사인 하경철에게서 9만 7,000여 원에 해당하는 향응을 제공받았다는 것이 검찰 측의 주장이었다.

이에 대해 서울형사지법 판사 전원은 법조계의 의례적 관행에 불과하다고 항변하였다. 오히려 이범렬 판사가 시국 사건에 무죄판결을 잇달아 내리자 뇌물 수수 혐의로 꼬투리를 잡은 검찰이 감정적으로 보복한 것이라고 주장하였다.

구속영장은 '증거 인멸 및 도주의 우려가 없다'며 기각 결정이 내려졌다. 하지만 검찰은 2차로 구속영장을 신청하였다.

이에 분개한 판사들이 명백한 사법권의 침해라며 들고 일어섰다. 제1차 사법 파동이 일어난 것이었다. 서울민사지법 판사 40명의 사표를 필두로 전국 415명의 판사 중 153명이 사표를 제출하였다.

이어 가정법원, 전주 · 청주 · 대구 · 부산지법 판사들이 잇따라 사표를 제출하면서 사법권 수호 투쟁이 전국적으로 확산되었다. 대한변호사협회도 법관들의 태도에 동조하며 임시총회를 열어 사법권의 독립을 요구하는 결의문을 채택하였다.

또한 판사들은 민 · 형사법원의 판사 합동 회의를 열고, 사법권 침해 7개 항의 시정 요구와 검찰 관계자 인책을 요구하였다. 여론 또한 정부의 사법부 탄압을 비난하였다.

결국 이 사건은 국회로까지 비화, 정치문제화 되었다. 이에 대통령 박정희는 8월 1일 법무부장관 신직수를 불러 판사 등에 대한 수사 중지 지시를 내렸고, 사법부 일은 대법원장이 수습하도록 통보하였다.

그래서 검찰은 당초의 강경 방침을 철회, "문제의 판사 독직 사건을 일체 백지화, 불기소 처분하겠다."는 입장으로 후퇴함으로써 해결의 실마리가 잡혔다.

결국 수사는 백지화되었고, 서울민사지방법원 판사들도 8월 27일 사표 제출을 철회함으로써 제1차 사법 파동은 일단락되었다.

하지만 이범렬, 최공웅 두 판사는 판사직을 그만두었다.

이후 제2차 사법 파동은 1988년 2월 노태우 대통령이 취임한 직후에 발발하였다. 노태우가 제5공화국 당시의 사법부 수뇌부를 재임명하자, 소장 판사 335명이 '새로운 대법원 구성에 즈음한 우리들의 견해'라는 성명서에 서명, 이를 발표한 것이었다.

이 성명서에서 판사들은 김용철 대법원장 사퇴와 함께 정보기관원 법원 상주 반대, 법관 청와대 파견 근무 중지, 유신악법 철폐 등을 요구하였다.

결국 김용철 대법원장이 퇴진하였고, 이일규 대법원장이 취임함으로써 사태가 마무리되었다.

제3차 사법 파동은 1993년 6월 김영삼 정부에서 일어났다. 이는 박시환, 강금실, 김종훈 등 서울민사지방법원 소장 판사 40명이 사법부의 반성과 개혁을 촉구하는 건의서인 '사법부 개혁에 관한 건의문'을 김덕주 대법원장에게 전달한 사건이었다.

'문민정부' 출범과 함께 개혁에 대한 국민적 기대감이 높아진 상황에서, 5월에 대법원이 내놓은 사법부 개혁 방안 등이 소장 판사들에게 실망을 안겨 주었기 때문이었다. 변호사 단체, 사법연수생들도 이에 동조하면서 파문이 확산되었고, 결국 대법원장은 퇴진하였다.

사법 파동이 일어났던 이유는 달랐지만, 결국 사법권의 독립과 개혁을 요구하며 일어났던 소장 판사들의 집단행동이었다.

특히 우리나라의 사법 개혁 운동은 다른 나라와는 다르게 사법 시스템을 주도하고 있는 법관들에 의해 주도되었다. 그렇기에 다른 집단이나 개인들에 비해 이들의 목소리는 사회적인 큰 파장을 불러일으켰다.

또한 이러한 사법 파동은 판사들의 주장이 민주화 과정의 일환으로 수용되었다는 점에서 그 의의를 찾을 수 있다.

—

**1961년 7월 28일**

# 혁명 재판소를 개정하다

—

1961년 5 · 16 쿠데타 이후 국가재건비상조치법에 따라 자유당과 민주당 치하의 부정 · 부패 및 반혁명 사건을 총괄적으로 입건 처리하기 위해 7월 12일 혁명 재판소와 혁명 검찰부가 개설되었다.

혁명재판소에는 재판소장 최영규 소장 이하 43명의 심판관과 검찰부장 박창암 대령 이하 31명의 검찰관이 동원되었다.

그리고 7월 29일부터 ① 전 내무부 장관 최인규 피고인 외 3인, ② 전 자유당 기획위원회 위원장 한희석 피고인 외 11인, ③ 전 국무위원 송인상 피고인 외 7인, ④ 전 서울특별시장 임흥순 피고인 외 9인, ⑤ 전 대한반공청년단장 신도환 피고인 외 17인 등에 관한 재판을 시작하였다.

그리고 3·15 부정 선거, 특수 반국가 행위, 반혁명 행위, 부정 축재 및 밀수, 공무상 독직, 정치 폭력배 등의 사건에 관련된 697명이 입건되었다.

이후 혁명재판소는 290일간에 걸쳐 1,000여 회의 공판을 열고 총 250건을 처리하였다.

혁명 재판소는 1962년 4월 27일 공판을 마지막으로 끝을 맺었다.

---

1997년 7월 28일

# 정보통신부, '초고속 국가망 2단계 사업 계획' 확정

---

1997년 7월 28일 정보통신부가 '초고속 국가망 2단계 사업 계획'을 확정하였다.

이 계획은 80개 지역에 구축된 기간 전송망을 시내 전화 권역인 144개 지역으로 확대하고 이미 구축된 구간의 전송망을 고속화하기 위한 사업이었다.

초고속 국가망 구축 사업은 정보통신부가 정보 통신 인프라 고도화를 위해 1993년부터 추진해 온 것으로, 1997년 초에 1단계 사업을 마무리 하였다.

2단계 사업은 2001년 2월에 마무리되었다. 2단계 사업 계획 완료로 정부와 공공기관들은 전국 어디서나 음성·데이터·영상 등의 멀티미디어 서비스를 실시간으로 이용할 수 있게 되었다.

또한 이를 통해 공공부문에서도 기관 간 정보 교류 및 공동 활용 등을 통한 정보화가 급진전되었다.

7월의
모든 역사

# 7월 29일

.
.
.

—

1906년 7월 29일

# 귀화 한국인 이참, 최초로 공직에 임명되다

—

"참된 한국인으로 살기 위해 이름도 이한우에서 이참으로 바꿨습니다. 참參이라고 지은 것은 한국 사람으로서 참여하겠다는 의미를 가지고 있어요. 한국을 위해 제 남은 인생을 봉사하겠다는 마음에서 나라에 보탬이 되는 어떤 공직이라도 맡고 싶었어요. 귀화한 제가 한국관광공사 사장에 임명됐다는 사실에 감동받았습니다. 좋은 전통을 세워야겠다는 각오가 생기네요."

－이참

이참은 1954년 서독 라인란트팔츠 주 바트크로이츠나흐에서 태어났다. 본명은 베른하르트 크반트이다.

그는 1978년 통일교의 '초교파 기독교 연합회' 세미나 참석차 우리나라를 방문하였다. 이때 그는 우리나라 땅에 뿌리를 내릴 결심을 하게 되었다. 1982년 통일교 교회에서 만난 한국인 여성 이용복과 결혼하였다.

이후 그는 교육방송 독일어 강의를 시작으로, 주한 독일문화원에서 13년간 독일어 강사를 하였으며, 선문대학교, 성신여자대학교, 경찰대학, 한양대학교 등에서도 강의하였다.

그는 1986년 우리나라에 귀화하였고, "한국을 돕겠다"며 이름을 이한우로 개명하였다. 그리고 2001년에는 "한국 문화에 동참하겠다"는 의지를 담아 이참으로 이름을 다시 바꾸었다. 본관을 독일로 두어 독일 이씨의 시조가 되었다.

이참은 우리나라에 정착한 후 통일교를 떠나 장로교로 개종하였다. 이후 당시 서울시장이던 이명박과 같은 교회를 다니며 친분을 갖게 되었고, 이명박이 대통령 선거에 출마하자 적극 참여하여 한반도대운하 특보를 지냈다. 그리고 이명박 대통령 취임 2년째인 2009년 7월 29일 귀화 한국인으로는 최초로 한국관광공사 사장에 임명되었다. 대한민국 공기업 최초의 외국계 한국인 사장이었다.

정부는 국제화, 개방화되는 사회 변화에 따라 그동안 보수적으로 인식돼 온 공직을 전문성 있는 외국인 출신 인사에게도 개방하겠다는 의지를 표명하고자 이참을 한국관광공사 사장으로 임명하였다고 밝혔다.

이참의 한국관광공사 사장 임명은 귀화 한국인의 공직 진출을 확대하는 '신호탄'이 되었다. 2012년 4월 총선에서는 필리핀 출신의 이자스민이 비례대표로 출마하여 제19대 국회의원에 당선되었다. 이 밖에도 하일이나 이다 도시 같은 외국 출신의 귀화 한국인들이 여러 분야에서 활약하고 있다.

외국인이 우리나라에 귀화하려면 일반 귀화, 간이 귀화, 특별 귀화 등의 방법으로 법무부장관의 귀화 허가를 받아 대한민국의 국적을 취득해야만 한다. 2011년 1월 우리나라로 귀화한 외국인은 10만 명을 넘어섰다. 이는 1957년 대만 국적을 갖고 있던 손일승이 제1호 귀화자가 된 이후 54년, 1948년 건국이후 63년 만이다.

그중에서도 10년간 귀화자 숫자가 전체의 98%를 차지할 정도로 갈수록 증가세가 가팔라지고 있다. 2000년까지만 해도 우리나라 귀화자는 연평균 34명에 불과하였으나 2001년부터 연평균 9,816명에 달할 정도로 급증세로 돌아섰다. 이는 결혼 이민자가 늘고 중국 동포의 입국 문호가 대폭 확대됐기 때문이다.

귀화자들을 원래 국적별로 보면 중국이 전체의 79%(7만 9,163명)로 대부분을 차지하고, 이어 베트남 9%(9,207명), 필리핀 5%(5,233명), 대만 2%(2,093명) 순이었다.

귀화자가 급증하고 있지만 귀화자 가운데 외국 출신 인재는 많지 않은 실정이다. 2012년 현재 국내 체류 외국인 가운데 전문 인력은 4만 5,000명 정도이다. 현행법에 따르면 외국인 가운데 과학자 · 경제 전문가 · 예술가 등 각 분야의 우수 인재로 선정되면 국내 거주 기간이나 생계유지 능력과 관계없이 바로 귀화를 허용하고 특별 귀화의 형태로 복수 국적도 유지할 수 있다.

그래서 저출산 · 고령화가 급속도로 진행되는 만큼 인구 감소에 대비하고 우수한 해외 인재를 유치하려면 이민청을 설립하는 등 적극적인 귀화 · 이민 정책을 펴야 한다는 지적이 나오고 있다.

—

**1906년 7월 29일**

# 문화재 수집가 간송 전형필 태어나다

—

문화재 수집가 간송 전형필은 1906년 7월 29일 서울에서 태어났다. 그의 집은 증조 때부터 배오개(지금의 종로 4가)를 중심으로 한 종로 일대의 상권을 장악한 10만 석 지기였다. 그는 와세다 대학교 법학과에 다니면서 미술품에 관심을 갖게 되었다.

그는 대학 졸업 후 일제 식민 통치 아래 말살되어 가는 민족 문화 전통을 보존해야 한다는 신념으로 서예가인 오세창을 따라다니며 민족 문화재 수집 보호에 심혈을 기울였다.

1938년 서울 성북동에 한국 최초의 사설 박물관인 보화각을 설립하고 이렇게 모은 문화재를 이곳에 보관하였다. 1940년 관훈동의 한남서림을 후원하여 문화사 연구에 필요한 전적을 수집하여 장차 연구에 대비하였다.

또 재단법인 동성학원을 설립하여 재정난에 허덕이는 보성고등보통학교를 인수하고 육영사업에 착수하였다.

1954년에는 문화재보존위원회 제1분과위원을 역임했으며, 1960년 김상기 · 김원룡 · 진홍섭 · 최순우 · 황수영 등과 고고미술동인회를 만들었다.

그가 설립한 보화각은 뒤에 간송미술관으로 개칭되어 그의 사후에 세워진 한국민족미술연구소의 부설로 운영되고 있다. 거기에서 전형필의 자제들은 그가 마련해 놓은 연구 자료를 토대로 미술사 연구를 활발하게 진행해 감으로써 그 유지를 계승하고 있다.

간송미술관은 개인 미술관으로서는 드물게, 국보 및 보물급 문화재를 많이 소장하고 있다. 대표적 문화재로는 국보 70호『훈민정음』과 71호『동국정운』권 1 · 6, 73호 금동삼존불감 등 국보 9점과 보물 12점이 보관되어 있다.

전형필은 1962년 1월 57세를 일기로 사망하였다. 1964년 대한민국 문화훈장 국민장이 추서되었다.

———

**1960년 7월 29일**

# 제5대 국회의원 총선거 실시

———

1960년 4 · 19 혁명으로 이승만 정권이 물러난 이후 허정을 내각수반으로 하는 과도정부가 들어섰다.

6월 15일 내각책임제에 입각한 제2공화국 헌법에 따라 '국회의원 선거법'이 새롭게 개정되었다. 개정된 선거법은 6월 23일 공포되었고, 이전 민의원은 해산되었다.

이에 따라 과도정부는 7월 29일에 제5대 국회위원 선거를 실시하였다. 이 선거로 1952년 제1차 개헌을 통해 입법화되었지만 한국전쟁과 자유당의 장기 집권 등으로 인해 한 번도 구성되지 못했던 민의원과 참의원으로 이루어진 양원제 국회가 구성되었다.

임기 4년의 민의원 233명과 임기 6년의 참의원 58명을 뽑는 선거는 84.3%의 높은 투표율을 보였다. 그리고 민주당이 민의원에서 175석, 참의원에서 31석을 차지하는 등 민주당이 절대 다수를 차지하였다.

하지만 제2공화국 국회는 이듬해 5.16 군사 쿠테타가 일어나 해산되었다.

* 1960년 4월 19일 '4월 혁명이 시작되다' 참조
* 1960년 6월 15일 '제2공화국 출범' 참조
* 1961년 5월 16일 '5 · 16 군사 쿠데타가 일어나다' 참조

1952년 7월 29일

# 국회 특별위, 중석불 사건 조사 결과 발표

1952년 7월 29일 국회 특별 위원회 박만순 위원장은 우리나라 최초의 정치 자금 의혹 사건인 '중석불重石弗 사건'의 조사 결과를 국회에 보고하였다.

이 사건은 정부가 중석을 팔아 획득한 달러를 민간 상사에 불하하여 밀가루와 비료를 수입하게 하고, 이를 농민에게 팔아 피해를 입혀 문제가 된 것이었다.

국회 발표에 의하면, 정부는 대한중석 · 고려흥업 · 남선무역 등 13~14개 상사에 중석불을 불법으로 불하하여 이들로 하여금 밀가루 9,940톤, 비료 1만 368톤을 수입하게 하였다.

그리고 정부와 상사 측이 결탁하여 수입된 비료와 밀가루의 80%를 상사 측이 자유롭게 판매하여 500여 억 원의 부당이득을 취하였다.

하지만 이 사건은 상당수의 국회의원이 개입된 사건이었다. 그래서 결국 형식적이고 미흡한 조사에 그치고 말았고 결과도 흐지부지되었다.

—

**1948년 7월 29일**

# 하계 올림픽 처음으로 참가

—

1948년 7월 29일 영국 런던에서 열린 제14회 올림픽에 우리나라가 출전하였다. 이는 우리나라로서는 처음으로 참가하는 하계 올림픽이었다.

특히 런던 올림픽은 제2차 세계 대전 발발로 인해 12년 만에 치러지는 것이었기 때문에 그 어느 때보다 감격적이었다.

우리나라는 축구 · 복싱 · 역도 등 7개 종목 68명의 선수단이 참가하였다. 역도에서 김성집이 첫 동메달을 따내 올림픽 사상 처음으로 태극기가 게양되었다. 이어 한수안도 복싱에서 동메달을 획득하였다.

우리나라는 참가국 58개국 가운데 24위를 차지하였다.

7월의
모든 역사

# 7월 30일

:

1977년 7월 30일

# 백건우 · 윤정희 부부, 북한으로 피랍 중 탈출하다

"저희 부부는 둘 다 사람을 의심하지 않는 성격이다. 항상 집 문을
열어놓고 살았는데 그 사건 이후 문을 잠갔다."

-윤정희

'은막의 영원한 꽃' '은막의 여왕' 등 영화배우 윤정희의 이름 앞에는 늘 최상급의 찬사가 따라붙는다. 이미 환갑을 넘긴 나이지만 아직도 그녀는 스크린이 어색하지 않다.

1960년대 후반은 한국 영화의 황금기였다. 윤정희는 바로 이 시기에 혜성처럼 나타나 한국 영화계를 강타하였다. 그녀는 문희, 남정임과 소위 트로이카 체제를 구축하면서 한국 영화계를 뜨겁게 달구었다.

그녀의 남편인 백건우도 '피아노의 시인'으로 불리는 한국이 낳은 세계적인 피아니스트다. 피아노를 배운 지 2년 만인 10세에 첫 독주회를 열었고, 12세 때는 국립교향악단과 협연해 그 실력을 인정받았다.

중학교를 졸업하자마자 곧바로 미국에 건너간 백건우는 줄리아드 음악 학교에서 로지나 레빈을 만나 가르침을 받았다. 그런 그가 일약 국제 무대의 스타로 떠오르기 시작한 것은 1972년 26세 때 라벨의 피아노 독주곡 전곡을 연주하면서부터였다.

그 후 백건우는 드뷔시 등 특정 작곡가의 곡을 집중 탐구해 연주하는 독자적인 음악 세계를 구축하였다.

이렇게 영화와 음악에서 서로 다른 길을 걷던 두 사람은 영화「효녀 청이」를 계기로 한 길을 걷게 된다. 1972년 서독에서 뮌헨 올림픽이 열렸는데, 그때 문화 축제에 이 영화가 초청을 받았다.

주연배우였던 윤정희는 감독 신상옥과 함께 뮌헨으로 날아갔다. 때마침 뮌헨 올림픽의 개막을 축하하기 위해 윤이상의 오페라「심청」이 공연되고 있었다.

윤정희는 그걸 보러 갔다가 계단에서 어떤 한국 남자를 만나게 되는데, 그가 바로 백건우였다. 윤이상을 통해 정식으로 인사를 나눈 두 사람은 뮌헨에 머무는 동안 계속 만남을 이어갔다.

본래 윤정희는 1972년부터 파리 유학을 준비하며 불어를 배우고 있었다. 그녀는 처음 영화를 시작할 때부터 유학 계획을 갖고 있었다. 1974년까지 꿋꿋이 스크린을 지키던 윤정희는 모든 걸 훌훌 털어 버리고 파리로 유학을 떠났다.

그런데 유학을 떠나기 전 그녀는 파리에 잠시 머문 적이 있었다. 그때 어느 레스토랑에 들렀다가 2년 전 독일에서 헤어졌던 백건우를 운명처럼 다시 만났다. 둘은 결국 1976년 결혼하였다.

그러나 아직 신혼의 달콤함이 채 가시기도 전에 이들은 평생을 짓누를 악몽과 마주하게 된다. 결혼 이듬해인 1977년 7월 30일 북한이 이들 부부를 납치하려고 했던 것이다.

어느 스위스 부호의 연주 초청을 받고 유고의 자그레브로 들어갔던 백건우 부부는 그곳에서 납치되기 직전 미국 영사관으로 피신해 간신히 화를 면할 수 있었다.

그런데 백건우 부부에게 이 스위스 부호의 초청 내용을 알려 준 사람은 바로 박인경이었다. 그녀는 프랑스에 살던 고암 이응로 화백의 부인으로 백건우 부부가 어머니처럼 따르는 사이였다. 박인경이 납치 사건의 용의자로 의심받는 것은 당연한 일이었다. 그 파편은 남편인 이응로에게까지 튀어 그는 된서리를 맞았다.

한국의 화랑과 표구상에서는 이응로의 그림에 대해 거래는 물론 표구조차 하지 않기로 결의하였다. 이응로는 고국으로 돌아올 수도 없었다. 박인경은 그 사건에 대해 "자신은 잘 모르는 일이며 본인들만이 알 것"이라고 억울함을 토로하였다.

그래서 사건 발생 후 중앙정보부는 백건우·윤정희 부부에 대한 피해자 조사를 실시하였으나 박인경에 대한 조사는 하지 못하고 수사를 종결하였다.

사실 이 사건의 본질은 공산권인 유고에서 일어난 데다 남북이 분단된 상태라 제대로 진상이 드러나기 어렵다는 근본적인 한계가 있었다.

하지만 2003년 크로아티아 정부가 보관 중인 외교문서를 통해 백건우 부부 납치 공작의 배후가 북한임이 공식적으로 확인되었다. 이 문서에서 유고 주재 북한 대사 정광순은 평양의 공작원 팀이 직접 이들 부부의 납치를 시도하였다고 밝혔다.

—

**1909년 7월 30일**

# 한국 최초의 한자 사전 『자전석요』 발행

—

1909년 7월 30일 한국 최초의 한자 사전『자전석요字典釋要』가 회동서관에서 발행되었다.

이 사전은 국어학자 지석영이 편찬한 것으로 상권은 1획~4획, 하권은 5획~17획으로 획수로 구분하여 총 1만 6,295자를 해석하였다.

『자전석요』는 종래의 한자 자전들과는 달리 한자의 음과 새김을 모두한글로 달았다. 또한 범례 가운데 평성은 무점, 상성 · 거성은 오른쪽 위에 1점을 찍어 표시한다는 방점에 관한 것과, 구개음화한 음을 구별하여 표시한다는 것을 언급하였다. 또한 책 끝에 그림으로 한자를 풀이한것이『자전석요』의 가장 큰 특징이었다.

『자전석요』는 처음에 5,000부씩 20판을 발행하였으며, 이후 영창서관 · 아세아문화사 등에서 다시 간행되었다.

**1971년 7월 30일**

# 서울 외곽에 그린벨트를 처음으로 지정하다

1971년 7월 30일 건설부는 무분별한 도시 확산과 투기 억제를 위해 서울 외곽 지역에 그린벨트를 처음으로 지정하였다.

이로써 서울 중심부에서 반경 15km를 따라 폭 2~10km 지역의 서울·경기 땅 454.2km$^2$의 개발이 제한되었다.

그런데 정부는 이 내용을 공식적으로 발표하지 않고 관보에만 실었다. 또한 정부는 관리 근거가 도시계획법 시행규칙에 불과한데도 이를 개정할 때는 반드시 사전 재가를 받도록 하였다.

이 사실이 알려지면서 해당 지역의 땅값이 폭락하기 시작하였고, 토지 소유자들은 사유재산권 침해라며 반발하고 나섰다.

하지만 이후에도 정부는 부산·대구·광주 등을 포함하여 1977년 전남 여천 일대에 마지막 그린벨트를 지정할 때까지 총 8차례에 걸쳐 그린벨트를 확대해 갔다.

그 결과, 전 국토의 5.4%인 16억 평이 그린벨트로 편입되었다.

—

1980년 7월 30일

# 국보위, 과열 과외 금지 방안 발표

—

1980년 7월 30일 국가보위비상대책위원회는 과외 금지를 주안점으로 한 '교육 정상화 및 과열 과외 해소 방안'을 확정, 발표하였다. 이른바 '7 · 30 조치'라고도 불린다.

주요 내용은 1981학년부터 대학 본고사를 폐지하고 예비고사 성적 및 고교 내신 성적만으로 신입생을 선발하며, 대학 정원 10만 명을 증원하고 졸업정원제를 실시한다는 것 등이었다.

이 방안들은 과외 수업으로 발생하는 병폐를 뿌리 뽑겠다는 정부의 강력한 의지를 천명했다는 데 의의가 있다.

하지만 국보위의 7 · 30 조치는 2000년 4월 27일 헌법재판소에 의해 위헌 결정이 났다.

\* 2000년 4월 27일 '헌법재판소, 과외 교육 금지 위헌 결정' 참조

7월의
모든 역사

# 7월 31일

■
·
■

1959년 7월 31일

# 조봉암의 사형을 집행하다

이 박사는 소수가 잘살기 위한 정치를 했고 나와 나의 동지들은 국민 대다수를 고루 잘살게 하기 위한 민주주의 투쟁을 했다. 나에게 죄가 있다면 많은 사람이 고루 잘살 수 있는 정치 운동을 한 것 밖에는 없다. 나는 이 박사와 싸우다 졌으니 승자로부터 패자가 이렇게 죽음을 당하는 것은 흔히 있을 수 있는 일이다. 다만 내 죽음이 헛되지 않고 이 나라의 민주 발전에 도움이 되기 바랄 뿐이다.

-정태영, 『한국사회민주주의 정당사』

프랑스 문호 빅토르 위고의 『사형수 최후의 날』과 공지영의 『우리들의 행복한 시간』은 모두 사형제 폐지를 주장한 소설들이라는 공통점을 지니고 있다.

프랑스는 오랜 시간이 걸렸지만 결국 위고의 예언대로 1980년대에 사형이 폐지되었다. 우리나라는 사형제가 폐지되지는 않았지만, 1997년 23명에게 사형을 집행한 이후 2012년 현재까지 사형이 집행되지 않아 실질적으로 사형 폐지국으로 분류되고 있다.

한편 우리는 1959년 억울한 누명을 쓰고 무참히 죽어간 한 정치인을 기억하고 있다. 그 이름은 바로 조봉암이다. 정치적인 라이벌을 제거하기 위해 법이 살인의 도구로 악용된 대표적인 사례였다.

1955년 12월 신당 참여가 좌절된 조봉암은 서상일, 이동화, 박기출 등과 함께 진보당을 창당하기로 하였다. 그때 내세운 슬로건이 '궁핍으로부터의 해방, 공포로부터의 해방' '나가자 진보당, 뭉치자 피해 대중' 등이었다.

1956년 3월 진보당은 창당준비위원회 상태에서 조봉암을 대통령 후보로 지명하고 '평화 통일'을 중요한 정책으로 내걸었다. 그러나 북진 통일이 국시로 되어 있던 당시 상황으로는 상당히 위험한 구호였다. 더구나 소련과 북한도 이것을 주장하고 있는 것이라서 더욱 그러하였다.

5·15 선거의 개표 결과, 이승만이 504만 표를 얻어 대통령에 당선되고 조봉암은 216만 표를 얻었다. 선거 기간 중에 사망한 신익희의 추모표도 185만 표에 달하였다. 비록 이승만이 선거에 승리하였지만 사람들은 모두들 조봉암의 약진에 놀라워하였다.

하지만 조봉암의 불행은 여기서부터 싹이 트기 시작하였다. 이승만으로서는 다음 선거에서 이런 조봉암이 큰 불안거리가 아닐 수 없었다.

이 때문에 그를 제거하기 위한 방법들을 짜내기 시작했던 것이다. 조봉암은 자신에 대한 대중들의 지지를 기반으로 드디어 1956년 11월 정식으로 진보당을 창당하였다.

1958년 1월 이승만은 본격적으로 '조봉암 죽이기'에 들어갔다. 먼저 평화통일론이 북한과 내통했다는 것과 조봉암 등 당의 간부들이 간첩 박정호와 접선했다는 혐의를 걸어 이들을 체포하였다.

그러나 접선 혐의가 사실이 아닌 것으로 드러나자 추가 공소장에서는 양명산을 등장시켜 조봉암을 간첩죄로 기소하였다. 그런데 이 양명산은 사실 이승만 정권의 공작원이었다. 즉 사건을 조작했다는 의미이다. 1심 재판부의 유병진 판사는 평화통일론이나 간첩죄에 대해서는 예상을 깨고 무죄를 선고하였다.

하지만 1950년대는 이정재로 대변되는 정치 깡패가 판을 치던 시대였다. 조봉암의 간첩죄 혐의에 대해 무죄가 내려지자 며칠 뒤 반공청년단 수백 명이 떼거리로 법원에 몰려왔다. 이들은 "친공親共 판사 유병진을 타도하라" "조봉암을 간첩죄로 처벌하라"며 청사에서 난동을 부렸다.

경찰은 한참이나 시간이 흐른 뒤에야 어슬렁거리며 나타났다. 깡패들의 행패와 이승만 정권의 협박으로 사법부는 잔뜩 위축되었다. 그 결과는 2심 재판에서 그대로 드러났다. 1심에서 무죄로 판결 난 간첩죄를 적용하여 조봉암에게 사형을 선고했던 것이다.

기대를 걸었던 대법원도 권력 앞에서는 그저 나약한 시녀였다. 주심 판사 김갑수는 조봉암에게 간첩, 국가보안법 위반, 무기 불법 소지 혐의 등을 모두 유죄로 인정하여 역시 사형을 선고하였다.

변호인단은 지푸라기라도 잡는 심정으로 재심을 청구하였다. 정치적인 해결의 가능성을 노려 조봉암이 전과를 뉘우치고 이승만에게 충성을 다짐한다는 성명도 추진되었다.

그러나 조봉암은 너무도 의연하였다. 그는 "나는 비록 법 앞에 죽음의 몸이 되었다고 해도 대한민국에 대한 충성은 스스로 의심할 수 없다는 것을 밝힌다."며 일체의 타협을 거부하였다.

재심 청구를 맡은 곳은 역시 상고심을 맡았던 재판부라 결과는 보나마나였다. 많은 사람들이 서명한 조봉암의 구출 탄원서도 소용없었다. 오히려 이것을 간첩들의 소행으로 몰아붙였다.

1959년 7월 30일 김갑수는 재심 청구를 기각하여 끝내 조봉암의 사형을 확정지었다. 그러나 정작 사람들을 놀라게 만든 것은 사형선고 후 하루 만인 7월 31일에 그것을 집행했다는 것이다.

국내외 언론들은 이 충격적인 사태에 부쳐 '헌정사상 암흑의 날'이라고 불렀다. 조봉암의 죽음은 한 개인을 넘어 이 땅의 민주와 진보에 대한 사형 집행이었다.

이후 2007년 진실화해를 위한 과거사정리위원회는 조봉암 사건에 대해 '정권에 위협이 되는 야당 정치인을 제거하려는 의도로 표적 수사를 해 사형에 처한 것으로, 민주 국가에서 있어서는 안 될 인권 유린이자 정치 탄압'이라고 규정하였다.

이 결정을 근거로 조봉암의 유족들은 2008년 8월 대법원에 재심을 청구해 2011년 1월 20일 무죄 선고를 받았다. 또한 손해배상 청구 소송도 청구해 2011년 12월 27일 서울중앙지법은 24억 7000만 원을 배상하라는 원고 일부 승소 판결을 내렸다.

* 1958년 1월 13일 '진보당 간부 구속' 참조

1907년 7월 31일

# 순종, 대한제국 군대 해산 조칙 발표

1907년 7월 24일 체결한 한 · 일신협약에 의해 대한제국의 내정 간섭권을 얻은 일본 통감부는 순종에게 군대 해산 조칙을 발표하게 압력을 넣었다.

이에 7월 31일 늦은 밤, 순종은 군대 해산 조칙을 발표하였다. 이로써 대한제국은 완전히 군사권도 사법권도 없는 무력한 나라가 되었다.

군대 해산식은 다음날 오전 10시에 있었다. 통감부는 대한제국 군대를 동대문 밖 훈련원에 소집하고는 순종의 조칙이라며 해산하라고 요구하였다. 일본군은 대한제국 군대의 군모를 벗기고 계급장을 떼어 내며 해산을 종용하였다.

갑작스레 어이없는 일을 당한 군인들은 망연자실하였다. 1연대 1대대장 박승환이 울분을 참지 못하고 자결하였으며, 그의 부대원들은 남대문에 집결한 뒤 일본군에 대항하여 싸워 70여 명이 전사하고 100여 명이 부상을 입었다.

이 봉기는 하루 만에 진압되었다. 하지만 해산된 군인들은 일부 무기를 가지고 의병에 들어가 이후 조직적인 의병 운동이 전개되는 큰 계기가 되었다.

—

1980년 7월 31일

# 문공부,
# 주간지 · 월간지 등 172개 정기간행물 등록 취소

—

1980년 7월 31일 문공부는 사회 정화를 한다는 명목으로 주간, 월간, 계간지 등 172개 정기간행물의 등록을 취소하였다.

등록이 취소된 간행물은 『창작과 비평』 『문학과 지성』 『뿌리깊은 나무』 『월간 중앙』 등을 비롯한 유가지 120개, 무가지 52개 등이었다. 이는 일간-통신을 제외한 전체 등록 정기간행물 1,434개 중 12%에 해당하는 것이었다.

문공부는 신문 · 통신 등의 등록에 관한 법률 제8조에 의거하여 각종 비리나 부조리 등 사회적 부패 요인이 되어 온 간행물, 음란 · 저속 · 외설적이거나 사회 범죄 · 퇴폐적 내용, 특히 청소년의 건전한 정서에 유해한 내용을 게재해 온 간행물, 계급 의식 격화 조장, 사회 불안을 조성해 온 간행물, 발행 목적 위반 내지 법정 발행 실적을 유지하지 못한 간행물 등의 등록을 최소하였다고 발표하였다.

하지만 신군부에 비판적이었던 잡지가 다수 포함돼 있어 일부에서는 언론 탄압이라고 항의하였다.

—

1992년 7월 31일

# 신행주대교 공사 중 붕괴

—

1992년 7월 31일 오후 6시 50분, 서울 강서구 개화동과 고양시 행주 외동을 잇는 폭 14.5m, 길이 1,460m의 신행주대교 공사 현장에서 교각 10개와 상판 800여m, 주탑 1개가 무너져 내렸다. 이 사고로 200억 원 피해가 발생하였다.

1987년 10월 서울 서부 외각 지역 교통량 처리를 위해 기존 행주대 교에서 하류 쪽으로 30m 정도 떨어진 곳에 착공된 신행주대교는 일산 신도시 입주에 맞춰 그해 말에 완공될 예정이었다.

그래서 82% 정도의 공정을 마치고 탑과 교각 위 상판을 콘크리트 기 둥으로 연결, 지탱토록 하는 부분 상판 60m를 얹는 작업만을 남겨 둔 상태였다.

조사 결과, 싼 가격으로 입찰자를 정하는 정부 공사 입찰 방식에 따 른 건설업체 간 과당 입찰 경쟁과 국내에서 시공 경험이 없는 콘크리트 사장교 방식의 무리한 도입이 사고 원인으로 지적되었다.

한편 신행주대교는 그해 12월에 재착공하여 1995년 5월 19일에 개 통되었다.

# 7월의 모든 역사_한국사

**초판 1쇄 인쇄** 2012년 7월 1일
**초판 1쇄 발행** 2012년 7월 5일

**지은이** 이종하

**펴낸이** 김연홍
**펴낸곳** 디오네

**출판등록** 2004년 3월 18일 제313-2004-00071호
**주소** 121-865 서울시 마포구 연남동 224-57
**전화** 02-334-7147   **팩스** 02-334-2068
**주문처 아라크네** 02-334-3887

ISBN 978-89-92449-93-9  03900